若者わからん!

「ミレニアル世代」はこう動かせ

原田 曜平

ワニブックス
|PLUS|新書

はじめに　―この本を読んでいただくにあたって―

私は広告会社の中にある研究組織の一員として、長らく若者研究をしてきた。

そうした過程の中で、少子高齢化の影響によって若者の人口は大幅に減り、社会における存在感がどんどん低下していくことを年々感じていた。

しかし、ここ数年でそれが一転した。

「若者」に対する社会的関心が急激に高まってきていると強く感じるのだ。

ここで言う関心の高まっている「若者」とは、次の3種類に分けられる。

一、「消費者」としての若者
二、「採用対象者」としての若者
三、「育成・管理対象者」としての若者

一の「消費者」としての若者とは、「企業にとって、商品の購買層・マーケティング対象としての若者」という意味だ。

読者の皆様も「若者の車離れ、お酒離れ、海外離れ、草食化」といった言葉をどこかのメディアで見聞きしたことがあると思う。

平成不況、デフレ経済の中で育った今の若者の消費意欲が大幅に減っており、その状況に大変困っている企業が増えているのだ。

ただし、本書で取り上げるのはこの「消費者」としての若者ではなく、前述したうちの**二、「採用対象者」としての若者**と**三、「育成・管理対象者」としての若者**である。（一の「消費者」としての若者については、過去の私の著作をご参照いただきたい）。

では、まず、なぜ本書は**この「採用対象者」としての若者**に注目するのかご説明したい。

それは多くの日本企業が、「人手不足倒産」という言葉が生まれているくらい**「〝超〟人手不足」**状態に陥っているからだ。

リクルートワークス研究所の「大卒求人倍率調査」によると、来春2019年3月卒業予定の大学生・大学院生対象の大卒求人倍率は１・88倍となり、倍率が７年連続上昇した。

ひょっとすると、東京にある大企業の中には、まだこの深刻さに気づいていない会社もあるかもしれない。前述の調査でも、従業員数が３００人未満の中小企業の求人倍率は９・91倍で過去最高だったのに対し、従業員数が５０００人以上の企業では０・37倍と大きな倍率差があった。

しかし、人手不足は日本の人口及び生産年齢人口に起因した構造的なもので、長期的に根深い問題である。

２０１８年５月20日放送のＮＨＫスペシャル「縮小ニッポンの衝撃　労働力激減　そのとき何が」では、戦後、一貫して地方から人口が流入している東京でさえ現役世代の人口が減っており、その分を外国人で補っている様子が描かれている。近いうちに必ず大企業にとっても他人事ではなくなるだろう。

逆に、今、**就職活動をする若者にとっては「超売り手市場」となっている**ということだ。

最近では企業がなかなか若者を採用できないことを表す**「採用氷河期」**という造語まででできている。

ちなみに、文部科学省と厚生労働省の発表によると、今春卒業した大学生の就職率は（4月1日時点）、98％だった。これは1997年の調査開始以来の最高値を3年連続更新した形だ。

また、高校生の就業率に関しても98・1％と、27年ぶりの高水準を記録している。都道府県別では、富山が99・9％と最も高い。次いで福井（99・8％）、石川（99・7％）となった。

以上が**「採用対象者」としての若者**に社会的関心が高まっていることの要因である。

次に**三の「育成・管理対象者」としての若者**に、なぜ本書が注目するのかについて。

最近、今の若者が仕事に対して必死さや成長意欲をあまり持たなくなってきていると感じている企業人が、急激に、そして、大幅に増えているようだ。

事実、最近の若者たちは英語の**「チル（ｃｈｉｌｌ）」**という言葉をよく使うようになっている。

これは、ＨＩＰＨＯＰ用語で使われる「ｃｈｉｌｌ ｏｕｔ（チルアウト）」から派生した言葉と言われており、もともとは「冷静になる」「落ち着く」という意味で、ＳＮＳ上では**「まったりする」「のんびりする」**などという意味で使われている。「今、スタバでチルってる」「今日は家でゆっくりチルする」などと使うのだが、まさにこの言葉が今の若者たちを象徴しているように思う。

こうした「チルってる」若者たちを、企業や上司はどうモチベートしていくべきか。また、そもそも超人手不足な上に、昨今の「働き方改革」の流れもあるなかで、1人で2、3人分の付加価値を生み出すことができる人材へと、若手社員をどう育てていけば良いのか――。

この超難問に向き合わざるを得ない企業や上司が急激に増えており、これが**「育成・管理対象者」としての若者**への社会的関心の高まりの要因となっている。

まずはこうした社会状況の変化を念頭に、以降を読み進めていただきたい。

私がビジネスパーソン向けに「若者対策本」を書いてこなかった理由

博報堂の中にある若者研究所（以下、若者研）を長らく主宰してきた私は、仕事柄、「部下や後輩など、若者との付き合い方や育て方に悩むビジネスパーソンのために本を書きませんか？」という出版オファーを定期的にいただいてきた。

若者研究を始めた15年近く前から、もうずっとである。

それだけ世の中のビジネスパーソンにとって、世代の違う部下や後輩と良好な人間関係を築き、コミュニケーションをうまくとり、彼らをきちんと成長させ、会社の戦力となってもらうことは、いつの時代も普遍的に重要なテーマなのだろう。

しかし、以下の理由からこうしたテーマの本を書くことに私はどうしても気持ちが乗らず、ご依頼くださった出版社の方々には大変失礼ではあったが、これまですべてお断りさせていただいてきた。

このテーマに乗り気になれなかった一つ目の理由は、私が研究者でありマーケッターだからだ。

「消費しなくなってきている若者にどうマーケティングすれば良いか――」といった趣旨の本であれば、それはダイレクトに私の専門領域の話だし、すでにこうした類の本を私はたくさん世に出してきた。

しかし、「労働者としての若者」ということになると、世の企業には人事部という専門組織があるし、人事コンサルタントといった職業もあり、私がこのテーマを語るのはややお門違いかな、という気持ちがあった。

二つ目の理由は、私は会社に入ってからほぼ毎日、合計一万人を超える若者たちと接してきたが、〝これまでは〟彼らとの付き合い方に悩んだり苦労したりすることがあまりなく、こうしたテーマの本の需要を個人的に実感することができなかったからだ。

私は大学を卒業してからずっと若者と接し続けており、さらには仕事として若者を研究し続けてきたこともあり、若者たちへの違和感をあまり感じずに過ごしてきたのだろう。

三つ目の理由は、日本の会社組織では、上司であるおじさま・おばさまたちが「若者の気持ちを理解できるようになりたい」といくら言ったところで、実は大して本気でない場合が多いのではないか、という疑念があったからだ。

なぜなら、大半の日本企業はいまだに（暗黙の慣習も含め）ある程度年功序列システムをとっている。上司が若者の気持ちを理解できようができまいが、最終的には上司や先輩が「やれ」と言えば、若者はこれに従うしかない。

仮に渋々の従属であっても従属は従属。この力関係が〝何か強い要因〟によって大きく変化しない限りは、こうしたテーマの本の本質的な需要はないだろうと思っていた。

もちろん、人の好いおじさま・おばさまが、善意で若者を理解しようとするケースは今までも稀にあったかもしれない。しかし、企業の人事部の採用担当者など一部の職種の人は別として、日本の管理職が若者の生態や気持ちを本気で理解できるようになることは、〝これまでは〟「必要絶対条件」のスキルではなかったのではないか。

「最近の若者ってこんなんだってさ」と、せいぜい宴席で酒の肴として若者の話題を出すくらいの軽い気持ちが、若者を知りたいと言っているおじさま、おばさまの本音だったのではないか。

むしろ上司とうまく話を合わせるために、若者がおじさま、おばさまを理解しようとしていたケースのほうが、これまでの日本企業においては一般的だったろう。

私も新入社員の頃、団塊世代の上司に少しでも好かれるようにと、同期とカラオケに行き、本当は歌いたくもないビートルズやフランク・シナトラの曲を練習したものだ。

これら複数の理由から、「若者の採用、育成、付き合い方」といったテーマの本の数々の執筆オファーに対し、私はこれまでどうしても前向きな返事ができなかったのだ。


有効求人倍率がバブル期を超え、若者が強者に！


では今まで後ろ向きだった私がどうしてこのタイミングで筆をとることにしたのか？

それは**若者を取り巻く環境が、ここ数年で劇的に変わった**と感じたからだ。

冒頭に書いたように、いまや日本全体が超人手不足になり、企業が労働者としての若者に対して急激に関心を高めている。

日本が「平成不況」「デフレ経済」に陥った1990年代以降、社会学や言論の世界における「若者論」は、若者を「社会的弱者」として描くものばかりであった。

『下流社会』『貧乏クジ世代』『若者はなぜ3年で辞めるのか？』『希望格差社会』『絶望

の国の幸福な若者たち』などの数々のヒット本がそれをよく表している。

ところが、わずかここ数年で若者たちをとりまく状況は大きく変貌した。

少なくとも「労働者」という観点で見れば、「就職氷河期」という言葉ができた1990年代から2000年代と比べ、今の若者たちは「社会的弱者」から**「社会的〝超〟強者」**と言っても良い状況にまで変化している。

人手不足が社会問題になってきている！

くわしくは後述するが、大手企業でも新卒採用の応募者が集まらず、内定式が開けない会社が出てきているというニュースも流れているし、業績は絶好調なのに人が採れず、仕事が回らないので、泣く泣く会社をたたまざるを得ない企業も全国的に急増している。

特に中小・零細企業や地方の企業、そして、いわゆる「きつい、汚い、危険」の「3K職場」と言われる企業や職場を中心に、人手不足は超深刻な事態になってきている。

以下、人手不足の代表的な例をいくつか挙げる。

・東京の飲食業（主にファーストフードやファミレス、居酒屋）やコンビニでは、人手不足が原因で24時間営業の店舗が減りはじめている。年中無休の看板を下ろしたり、大晦日と元日に休業するところも増加している。

・農業の分野では、業務用米の価格上昇を主な要因として、外食産業や食品メーカーが米飯商品の値上げに相次いで踏み切っているが、実は米の値上がり以上に、人手不足による人件費の高騰が大きく影響していると言われている。
また、パンや納豆やチーズなどの値上げも相次ぎ、今後も様々な商品の大規模な値上がりが予定されているが、これらの物価上昇に「超人手不足」が影響している。

・オンラインショッピング等の普及で、日本の物流量が増えている上に、人手不足が重なり、宅配便の値段も郵便料金も上がっている。

・三重労働局の発表によると、２０１７年に起きた労働災害による県内の死傷者数は、

7年ぶりに増加に転じたことがわかった。特に小売業や社会福祉施設などの第三次産業で増加が目立ち、同労働局は「人手不足で従業員一人当たりの業務が増え、事故につながりやすくなっているのでは」と分析している。人手不足が原因ならば、おそらく三重県に限らず、他の自治体でも同様の傾向が見られるようになってきていると推測できる。

・イオンは現金以外で会計する電子決済の比率を2020年にグループ全体で80％まで引き上げる方針を発表したが、これは人手不足を背景にレジ業務の削減につなげる狙いがある。

敗戦直後、地方から集団で東京に出てきて就職し、日本の高度経済成長期を支えた若者たちは、かつて「金の卵」と称された。その「金の卵」よりも人口が大幅に少なくなり、希少価値が高まっている今の若者たちは**「ダイヤモンドの卵」**とでも表現すべき存在となっているのだ。

「ＡＩの影響で、近い将来、人間の仕事の多くがロボットに奪われる！」という話題がメディア上で目立っているが、ここ数年、現実社会では人手不足が一気に表面化・深刻化しているとはなんとも皮肉な話だ。

なかには神戸刑務所で面接会を開き、受刑者を採用している企業もある。一年半で延べ57社が参加し、内定を得た受刑者は58人に上るという。

なお、今、日本が未曾有の人手不足に陥っている原因は主に３つある。

1．景気の復調感に伴う業務量の増大と採用強化

景気が復調し、日本企業の業務量が全体的に増えているため、それに伴い各社の採用活動が強化され、人手不足が加速している。

2．団塊世代の退職と定年後に再雇用された団塊世代の本格的な引退

人口ボリュームの多い団塊世代近辺の世代の退職、そして、定年後に再雇用された団塊世代の引退と続き、日本の生産年齢人口が減り、人手不足になっている。

3．長引く少子高齢化による若者人口の減少と移民に消極的な国の方針

有効求人倍率の推移

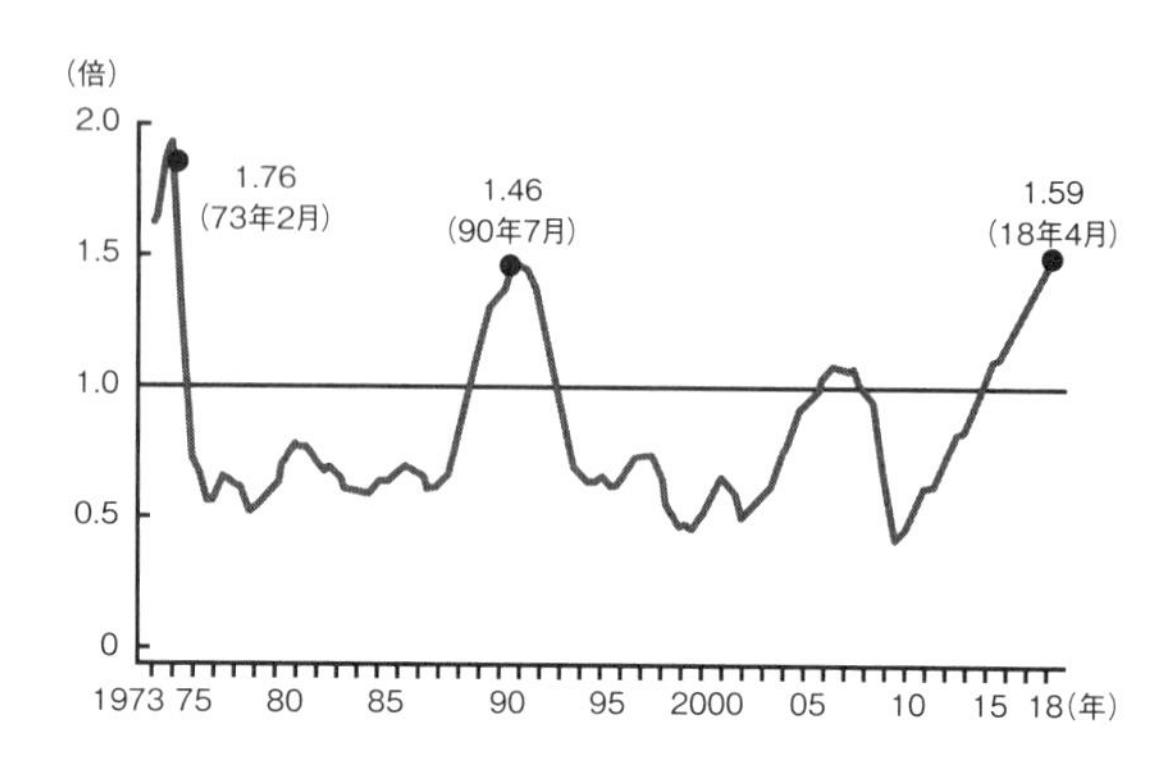

出典：日本経済新聞 2018年4月27日の記事をもとに作成

少子高齢化が長く続いている上に、日本は欧米先進国のように移民の受け入れに積極的ではないし上手でもない。最近では、ベトナムの若者の間では日本に来るより台湾に行く方が手続きも楽で条件も良いため、人気になっているそうだ。

今後は「バブル期超え」の「超ウルトラ売り手市場」に!?

2017年の平均有効求人倍率はバブル期のピークの1・46倍を超えて1・59倍になり、1973年の平均1・76倍以来44年ぶりの高水準になった。

ちなみに、2008年のリーマンショッ

クの影響下での有効求人倍率は0・42倍だったので、この数年でどれだけ人材獲得競争が激化したかご理解いただけるだろう。

日本の世代論では「バブル世代」（1965年～1969年生まれ）という呼称があるが、有効求人倍率という観点で言えば、今の若者たちは**「バブル第二世代」**と言えるかもしれない。

私が主宰する若者研に所属する学生メンバーの中でも、ここ数年、ごく平凡な学生なのに名だたる大企業からの内定を複数獲得し、「どの会社がいいか、原田さんなりの意見を聞かせてください」と自信満々に上から目線で（笑）相談してくる子が増えている。

リクルートキャリアの調査によると、2018年4月1日時点での19年卒の学生の就職内定率（速報値）は、前年同月比5・4％上昇の19・9％となり、まだ3月に就活が解禁されたばかりの時期なのに、全体の約2割の学生がすでに内定ホルダーだということがわかっている。

また、「2019年卒マイナビ企業新卒採用予定調査」によると、2019年卒の採用予定数は、全体平均で見ると前年比16・8％も増加しており、17卒採用実績→18卒採用予定数の増加幅（2・4％）に比べても非常に大きくなっている。

今年はもはや「バブル期超え」の**『超ウルトラ売り手市場』**になる可能性が大いにある。

リーマンショックの煽りを受けた2010年春入社組の若者研メンバーの中には、学歴も高くて優秀なのに、どこにも受からず苦しむ学生がけっこういたが、たったこの数年で、若者の置かれている状況は大幅に変わったのだ。

魅力的でない若者にも三顧の礼を尽くさないといけない状況に！

NHKが2017年12月に行った都道府県庁の内定辞退率の調査結果では、北海道庁が62・9％で、なんと5人に3人が内定を辞退していたことがわかった。滋賀県では初の2次募集も行われた。

1990年以降のいわゆる「失われた20年」の間に社会学や言論界で流行った「若者弱者論」の中で盛んに言われたことの一つに、長引く不景気によって若者の雇用が奪われ、非正規雇用が増え、結果、若者たちの安定志向や公務員志向が非常に高まった、と

転職市場における求人、求職及び求人倍率の推移

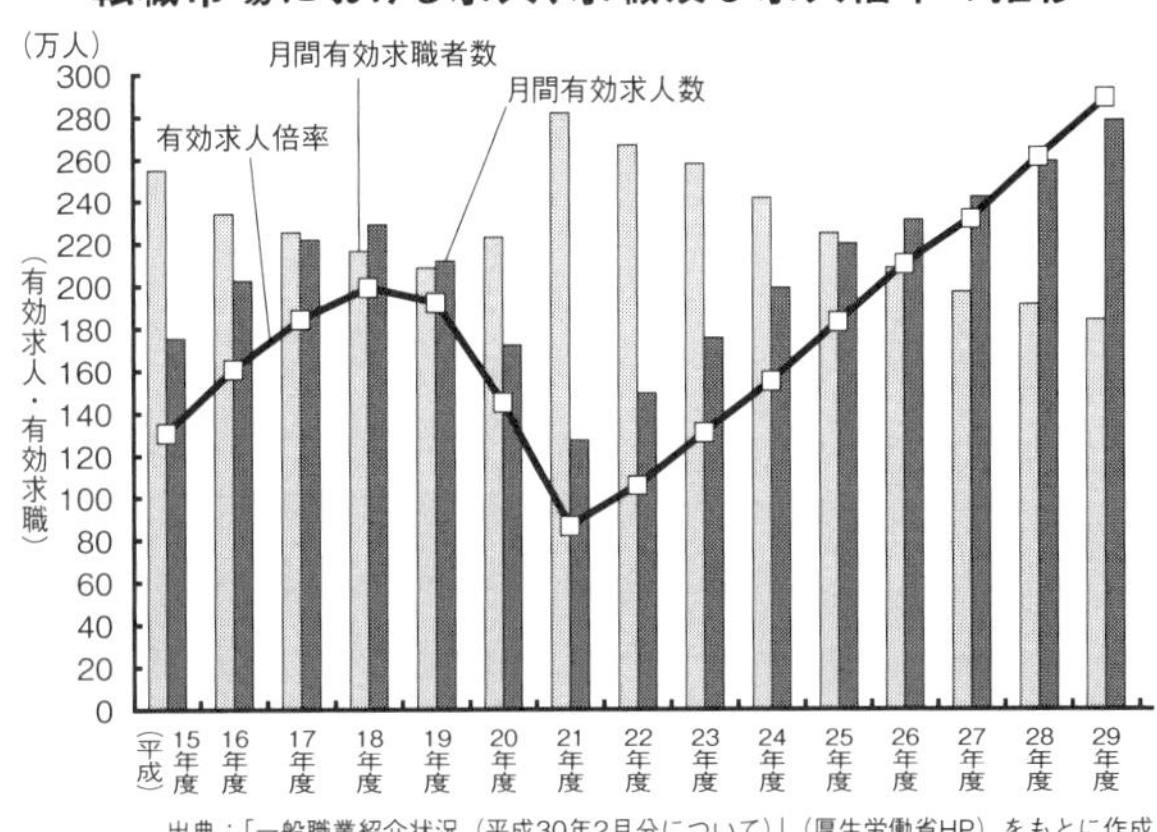

出典：「一般職業紹介状況（平成30年2月分について）」（厚生労働省HP）をもとに作成

いうものがあった。

しかし、この数年は公務員よりも給料の高い民間企業（あるいは、条件の良い大都市部の企業）への就職がかなりしやすくなっていることもあり、若者にとって「安定」の魅力はやや薄れてきているようだ。

このように、労働市場において若者が社会的弱者から超強者に変わったということは、今までなら採用に躊躇していたようなあまり魅力的でない若者にも、企業サイドが三顧の礼を尽くさないといけなくなっているということである。就職の面談日程を学生の都合に合わせる企業も増えてきている。

さらに、この状況に拍車をかけているのが、人手不足の影響から転職市場も超売り手市場になっているということだ。

厚生労働省（一般職業紹介状況）〈前ページ上段参照〉によると、平成26年度から4年連続で月間有効求人数が月間有効求職者数を上回っており、平成29年度ではより大きな開きができている。

入社後の手厚いケアも必須条件に！

超売り手市場は若者の就労意識を大きく変えている。

平成が終わりを迎えようとしている今、昭和の終身雇用制度の神話は若手社員の意識の中では完全に崩壊しつつあり、彼らの組織に対する帰属意識は年々低下している。

帰属意識が下がり転職がしやすくなっているのだから、仕事が少しでも嫌だと思ったり、職場に違和感を感じたら、簡単に「辞める」という選択肢を選びやすくなっている。

企業としては優秀な若者を採用するだけで満足していては到底ダメで、若手社員の不満の解消や転職の引き止めにも、昔とは比べ物にならないくらい本気で取り組む必要が出てきている。

　今の若者は新卒採用時だけでなく、入社してからもダイヤモンドの卵として扱われつつあるのだ。

　景気の波によって多少のブレはあるだろうが、この人手不足問題が決して一過性のものではなく、今後、半永久的に続いていく可能性があることは、「超少子化」傾向を示す日本の人口ピラミッドを見ると想像できる。

　２０１６年時点で団塊世代（１９４７年〜１９４９年生まれ）の年齢別人口は１学年あたり２１０万人前後。団塊ジュニア世代（１９７１年〜１９７４年生まれ）は、１学年あたり２００万人前後いる。

　それが20代前半の世代（１９９４年〜１９９８年生まれ）になると１学年あたり１２０万人前後に落ち、10歳の人口では１００万人となり団塊ジュニア世代の半分となる。

　だから、今、政府が焦って少子化対策をやったところで最低二十数年先までは労働者としての若者の人口が減少していくことは確定している未来だ。また、今後、日本ではもう第３次ベビーブームも起きないとされている。

こうした深刻な状況に至って〝初めて〟世の企業のおじさま・おばさまは「若者を知らないと本気でヤバい！」と思いはじめている。

「スーパーゆとり世代」があなたの職場にやってくる

小さい頃から低成長経済下に生き、スマホと接して育ち、消費や人とのつながり方など、様々な価値観が従来の世代とは異なる今の若者のことを、世界では**「ミレニアル世代」**という。

広い定義であるアメリカの定義でいうと30代前半も含まれるが、日本ではたいてい、大学生近辺を中心とした今の20代くらいを指すケースが多い。この**「日本版ミレニアル世代」**に、現在手を焼いている企業が急増しており、今後ますます増えていくことになるだろう。

まして、２０１８年のこの春から新社会人になった世代は、いわゆる「ゆとり教育」を義務教育の最初から最後まで受けた唯一の世代で、**「スーパーゆとり世代」**と呼ばれている。ミレニアル世代の中でもこの「スーパーゆとり世代」は、格別に取り扱いが難しく、すでに手こずっている上司や先輩も多いのではないか。

「ゆとり教育を受けたから、ゆとり世代はダメになった」というよくある論調を信じているわけではない。しかし少なくとも昔の若者のほうがわかりやすくはあった。昔の若者は時に反抗的・挑発的だったが、そうしたリアクションも含め大変わかりやすかった。

一方、**ミレニアル世代・スーパーゆとり世代は、一見、表面上は大変素直で穏やかに見えるが、彼らの「本質」とそれとのギャップは大きく、上の世代の彼らへの理解をいっそう難しくさせている。**彼らの表面的な部分だけを見て〝騙されてしまう〟企業や上司、先輩が増えているのだ。

特に面接など短時間の場では彼ら世代の本質を見抜けない企業が多く、「よくこの子を採るなあ」と思うような子を高評価して採用してしまい、案の定後で後悔する企業が目立つようになっている。

2018年春以降、多くの企業で「おい人事！　なんでこんなやつを採用したんだ！」といった人事部と現場との衝突がたくさん起こることが容易に想像できる。

ミレニアル世代の「特徴」

では、ミレニアル世代の「特徴」とは何か？

また、彼らの表面上の柔らかさの奥にある「本質」とは何か？

まず彼らの第一の特徴として、以前の若者より**上昇志向が極端に減っている**ことがあげられる。

若者研究所では海外でも若者研究を行っているが、世界中の若者研究を長らく続けてきてわかったのは「国は貧しくても、高度経済成長している国の若者」は、ハングリーで上昇志向が強く、ガツガツしている傾向にあるということだ。

そして高度経済成長期が終わり、国全体がある程度豊かになり、低成長経済の時代に突入すると、その国の若者たちから上昇志向が薄れ、現状維持志向になっていく。すると全体的にまったりしたタイプの若者が増えていく傾向がある。

豊かになったからある程度生活に満足しているし、低成長経済なので、頑張っても頑張った分だけ対価を得られない社会になっているため、だったら頑張るのをやめよう

――と思う若者が潜在的に増えるのかもしれない。事実、今、欧米先進国はどの国も例外なく、日本同様「若者に元気がなくなった論」がメディア上で叫ばれている。

アメリカでもイギリスでもドイツでもフランスでも「若者の車離れ」が顕著であるし、アメリカでもドイツでも「若者のビール離れ」が加速している。いわんや、高齢者になっても性欲旺盛なベルルスコーニ元首相を生んだ情熱の国イタリアでさえも「若者の草食化」がしきりに言われているのだ。つまり、日本だけでなく欧米の若者たちも**「チルってる」**若者になりつつあるのだ。

しかも、欧米、特に欧州の若者の就職状況はかなり厳しい状況（例えば15～24歳の失業率はイタリアで40％、フランスで30％〈2016年〉）なのに対し、これまで述べたように日本の若者の就職状況は大変良くなってきている。

人間が一番怖いことは食い扶持を得られないことなわけで、もともと「チルな日本の若者たち」が、楽に就職・転職できるようになったのだから、ことさらガツガツしなくなるのは自明の理であるだろう。

ミレニアル世代の二つ目の特徴は、彼らの間で**極端に「個人主義化」が進んだ**ことだ。

彼らは一見、上の世代の日本人以上に調和的な顔つき・態度をとりながら、実際の中身はかなり個人主義化している。こうした大きなギャップが、ミレニアル世代への理解を大変困難にしている。

「個人主義化」と言えば聞こえは良いが、**「利己主義化」**と言ったほうが彼らの実態と近いかもしれない。もちろん、いつの時代も若者は利己的な生き物ではあるが、彼らの置かれている様々な状況がその傾向をより強めている可能性がある。

彼らが利己主義化しているのは、超売り手市場における就職・転職のシーンにおいてのみではない。

彼らは子供の頃から人口が減り過ぎたせいで、ワシントン条約で守られている絶滅危惧種の動物のように、幼稚園、小学校、塾、中学校、高校、大学、会社など、人生のあらゆるステージで、彼らがいないと立ち行かなくなる組織や大人たちから三顧の礼をもって勧誘されて育ってきた。

例えば、生徒を呼び込むために制服を可愛く変更し、校則を緩くしている高校などいくらでもある。ＡＯ入試という名において、「ほぼゼロ試験」で学生を入学させている大学もたくさんある。また、今では昔のような暴力教師や怖い先生もほとんどいない。それどころか生徒たちとLINEでつながり、友達のように接する、優しくて生徒にとって都合の良い先生が評価されるようになっている。

つまり、社会や大人たちから顔色を窺われ、まるで中国の「小皇帝」と呼ばれる一人っ子世代のように生きてきたのが「日本版ミレニアル世代」なのである。

若者を理解しないと企業が立ち行かない時代になった

先日、地方の中小企業経営者の前で、「若者の消費性向」をテーマに講演を行った。講演が終わると、製鉄業を営む地元経済界の重鎮の方が、真っ先に私の元にかけよって来て次のようなことをおっしゃった。

「鉄を若者に売るわけではないので、正直、この講演に最初は関心がありませんでした。でも、最近、新卒採用が本当にうまくいかなくなってきているし、職場での上司と部下のコミュニケーションも昔よりうまくいっていないようなんです。現時点では仮に若者が採用できなくても会社の仕事は回りますが、あと5年もして上の世代の社員が少しずつ抜けていったら、今まで通りの受注量がさばけなくなっていくでしょう。若者の気持ちを理解してきちんと採用し、きちんと育てることが、うちの会社の未来にとって最優先事項であるということに気がつきました」

未曾有の人手不足となったこの国では、労働力たる若者の生態を知り、採用し、育成していくことは、もはや若者とまったく関係ないと思われる企業も含めたすべての日本の企業にとって、間違いなく最重要経営課題になっているのだ。

「若者に媚びを売る企業になんてなりたくない！」

いまだに長幼の序や儒教精神が残っている中高年の方は、こう思うかもしれない。しかし、私は言いたい。

「御社が誰しもが憧れる超人気企業なら何も変える必要はないかもしれない（いや、若者の方を向かなければ、今、人気企業であっても、いずれは不人気企業になるかもしれない）。ただ、御社が若者に高額の給料を積めるわけでもなく、採用活動をしても若者が大して集まらず、せっかく採用しても若者に逃げられてしまう程度の会社であれば、**余計なプライドを捨て、ごちゃごちゃ言わずに若者に媚びを売れ！**」

これは多少言い過ぎにしても、今は「若者が会社を選ぶ時代」になったことを忘れてはいけない。若者の価値観や嗜好を本気で理解し、彼らの価値観を入れ込んだ組織風土に自社を変革していかないと、5年後、10年後には間違いなく潰れる運命にあるだろう。

若者を深く知らねば私たちに未来はない

大変お恥ずかしい話ではあるのだが、正直言うと、若者研のリーダーである私も、特にこの数年、スーパーゆとり世代を中心とした若者たちと昔ほどはうまく付き合えず、いろいろ試行錯誤しながら彼らと接している。

以前の私は若者たちに熱血スパルタ教育をしていた。

所属してくれている学生を少しでも成長させたいと本気で思っていたし、マーケティングの基礎を身につけて社会に巣立っていって欲しかったからこそのスパルタだった。そして多くの学生たちは私の熱い指導によくついていきてくれた。

しかしここ数年、私も学生との間に壁を感じるようになり、これまでの熱血スタイルを変えることを余儀なくされている。彼らの居心地の良い組織にするため、若者たちにアンケートを取り、やり方や仕組みを大幅に改良した。

その結果、一時増加傾向だった若者研からの離脱者も減り、組織の雰囲気も改善した。

正直、熱血指導の時代に比べると彼らの成長幅や成長スピード、そしてアウトプットの量と質という意味では、「改悪」と呼ばざるを得ない変革もたくさんあった。

しかし、いくら私が、心から彼らの急激で大幅な成長を願ったとしても、彼らがついてきてくれなければ意味がない。私は半分泣く泣く彼らの居心地を重視することにした。

そして、今でも試行錯誤しながら、今より良いシステムを模索しているところだ。

これだけ長い間若者と接している私が苦労しているのだから、企業・上司レベルではもっと悩みや混乱が起きているだろうし、これからさらに増えていくだろう。

このように自分も大いに悩むようになったからこそ、自分のためにも、もともと乗り気でなかった〝若者対策〟ジャンルの本を本気で書こうと思えるようになったのだ。

私と同じ悩みを抱えている読者の皆様、あるいは、今後抱えるであろう読者の皆様と、この苦しみや知識をわかち合い、乗り越えるためのヒントを、本書を通して一緒に考えていきたい。

若者わからん！　―「ミレニアル世代」はこう動かせ―

目次

目次

第3章　好かれる上司、嫌われる上司……165

とにかく手間をかける　192

若者の行動習慣を受け入れる　209

第1章　若者に目を向けない企業は消えていく

「はじめに」で書いたように、国の人口が減少段階に入り、企業の人手不足が一気に顕在化してきた。かといってＡＩやロボットの普及はまだ先の話。

「ダイヤモンドの卵」である今の若者の獲得を巡って、企業間の熾烈な争いが始まっている。

「人手不足倒産」がいよいよ本格化

50年後には生産年齢人口が４割減!?　人手不足倒産は４年で２・５倍に

日本の人口が減少を始めた２０１０年頃から、生産年齢人口の減少についての話題をメディアでしきりに見聞きするようになった。

みずほ総合研究所の見通しをみると、２０１６年時点で６６４８万人いる生産年齢人口は、約50年後の２０６５年には３９４６万人となり、約４割も減少するとのことだ。

「生産年齢人口減少社会」が進むのにともなって、日本経済の縮小と企業淘汰が進むことは不可避だろうが、企業淘汰が必ずしも赤字倒産が原因で起こるとは限らないのがこれからの時代の特徴である。

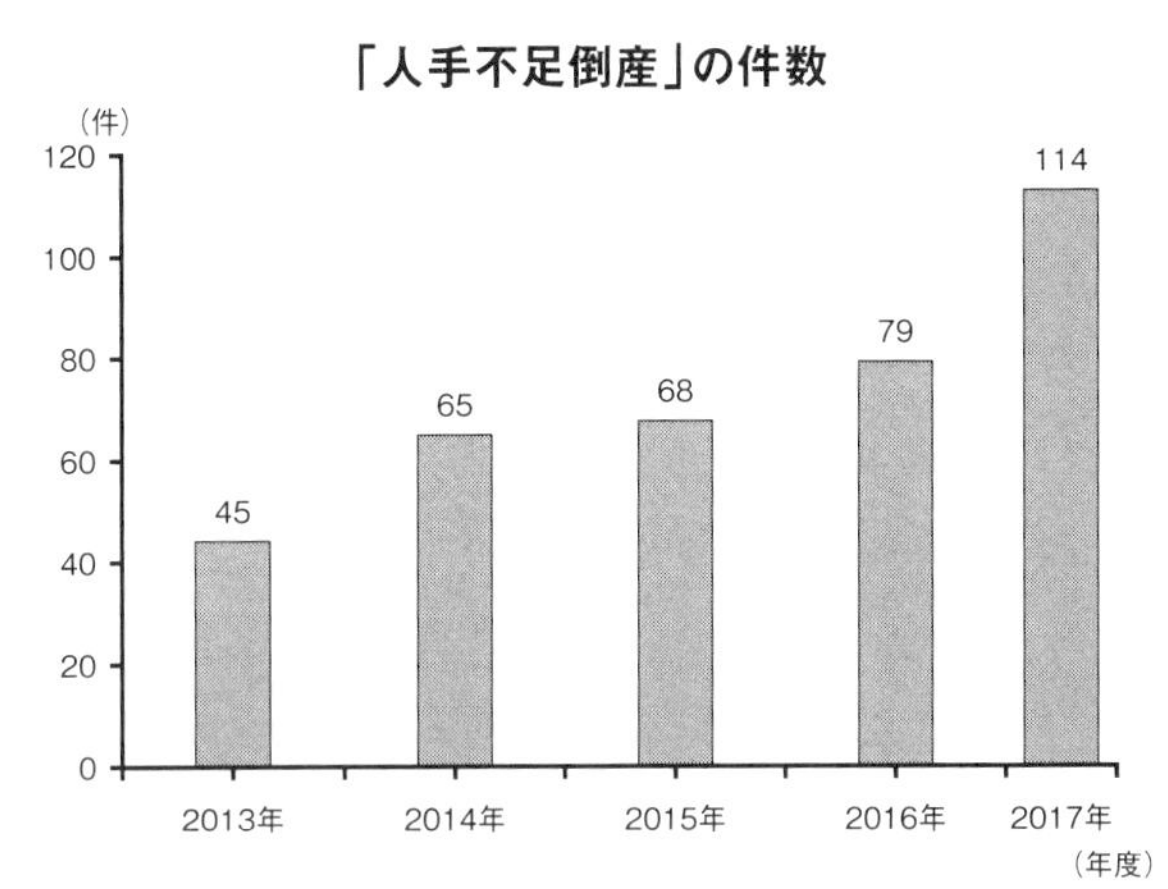

出典:「『人手不足倒産』の動向調査(2017年)」(帝国データバンク)をもとに作成

アベノミクス効果もあり、日本全体の倒産件数は減っている。しかし、労働力(やや後継者)が採用できないために、黒字で儲かっているのにもかかわらず会社をたたまざるを得ない**「人手不足倒産」**という新しい倒産の形に注目が集まってきている。

帝国データバンクが発表したデータによると、2017年の「人手不足が原因の倒産件数」は4年前の2・5倍に増加し、前年比でも44・3%増。ちなみにデータ上では全部で114件となっているが調査対象企業数は「1万社以上」となっているので、実数ではない(日本には中小企業だけで380万社ある)。また、実際に倒産に追い込まれる前に自主的に店仕舞いするケースも増えている。

２０１６年に休廃業・解散した企業は過去最多の２万９５８３社。前年比８・２％である（東京商工リサーチ「休廃業・解散企業」動向調査より）。

倒産や休廃業まで追い詰められている企業がこれだけ増えているということは、事業規模を縮小しながら、必死で生き残りをかけている企業が水面下でかなり増えている可能性があるということだ。いわば**人手不足倒産予備軍**と言える。

赤字倒産であれば、ヒット商品を作れば倒産を回避できるのでまだ希望がある。しかし人手不足倒産はヒット商品を作ったところで回避できるとは限らない。

日本は「生産年齢人口減少社会」に突入しているので、今後ますます「人手不足倒産」が日本全体で増えていく可能性は非常に高い。

「生産年齢人口減少社会」や「人手不足倒産」が、数年以内に新語・流行語大賞にノミネートされる可能性は大いにある（外れてほしい予想だが……）。

内定辞退率6割超！　学生の囲い込みが激化

生産年齢人口の減少にともない、企業の採用活動も激化している。

リクルートキャリアの調査では、２０１７年10月１日時点の就活生の内定率は92・1%。平均内定数は２・５社。また、高卒者に限ると77・２%だ（文部科学省調べ）。

ちなみに、「キャリタス就活　２０１８年卒学生モニター調査」によると、第一志望企業に内定したと回答した学生の割合は32・６%だった。「採用氷河期」という言葉ができるほど超売り手市場で、かつ、３分の１の学生が第一志望に入ることができている状況は、かつて「就職氷河期世代」と呼ばれ、就職浪人や非正規雇用がいっきに増えた団塊ジュニア世代近辺の人たちからすれば、羨ましくて仕方がないだろう。

こうした「超勝ち組」の今時の学生たちはどんどん強気になっていて、内定辞退をメール一本で済ませる子が増えているという話を様々な人事担当者から聞く。

近年では**「ニクリーチ」**というサイトが学生の間で話題になっている。

学生はそのサイトにプロフィールを登録しておくと、自分に興味を持った企業から連絡が入り、後日、焼肉を奢ってもらいながらその企業のスカウトを受けるというものだ。

バブル期には一部の企業が学生を風俗や海外に連れて行って囲い込みをしたことがあったようだが、当時ほどの贅沢さはないものの、知名度や人気のない企業は、「焼肉」で釣らないと学生が話すら聞いてくれない時代になった。また、「オワハラ」（「就活終われハラスメント」の略。内定辞退を避けるため、企業が内定を出す条件として、他社の選考や内定をすべて辞退することを条件にすること）という言葉まで生まれている。

正社員不足が過去最高に。人手不足が深刻化する3K職場

「3K職場」は、いつの時代も人手不足で苦労する傾向があるが、超売り手市場になった今ではさらに深刻度が増している。帝国データバンクが2018年1月に行った「人手不足に対する企業の動向調査」では、正社員が不足していると感じている企業がなんと半数超えの51・1％になった。これは過去最高の数字である。

1990年代、2000年代の「若者弱者論」が叫ばれていた頃は、日本企業が経済的に弱った結果、これまで通りの正社員の数を維持できなくなった。小泉改革の規制緩和

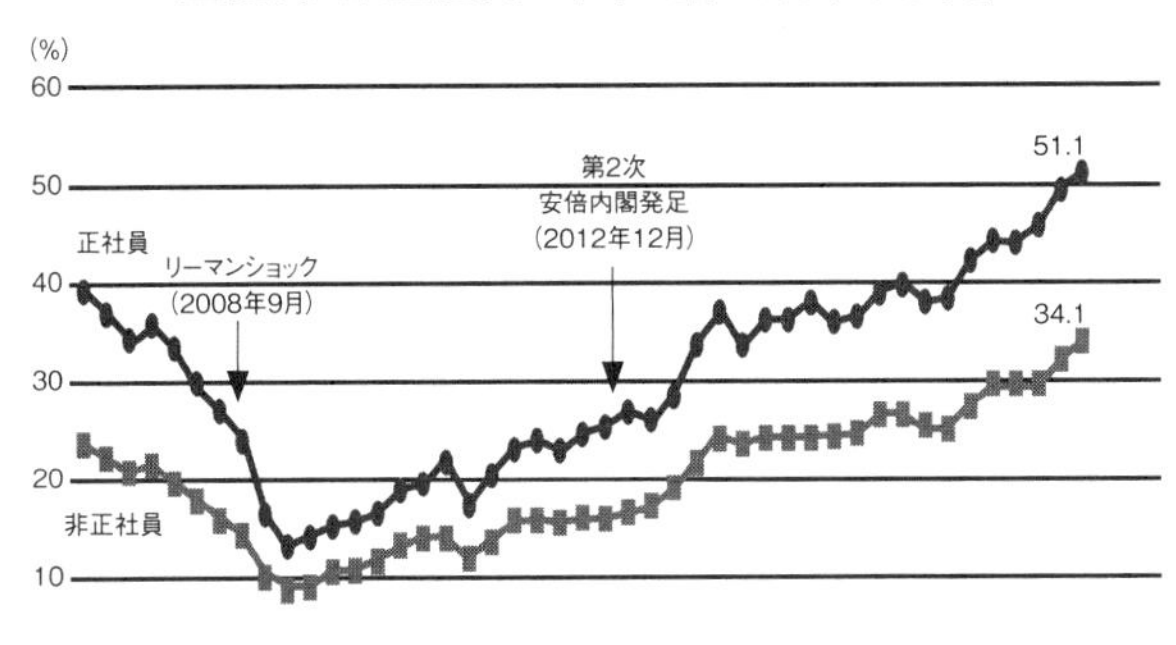

出典：「人手不足に対する企業の動向調査（2018年1月）」（帝国データバンク）をもとに作成

の後押しもあり、若者の正社員の採用を減らし、非正規雇用化を進めた——というのが大きなトピックだった。

しかし、今は「正社員」も不足するようになったし、非正規社員を不足と感じている企業も34・1％で、ともに右肩上がりの上昇を見せている。とにかく人であったらほしい状況になっており、それが人手不足倒産の時代なのである。

ちなみに、先ほど挙げた人手不足倒産のレポートによると、過去5年間（2013年～2017年）で人手不足倒産した業種で二番目に多いのが「木造建築工事」と並んで「老人福祉事業」だそうだ。

「人手不足倒産」企業の業種細分類別上位（5年間累計）

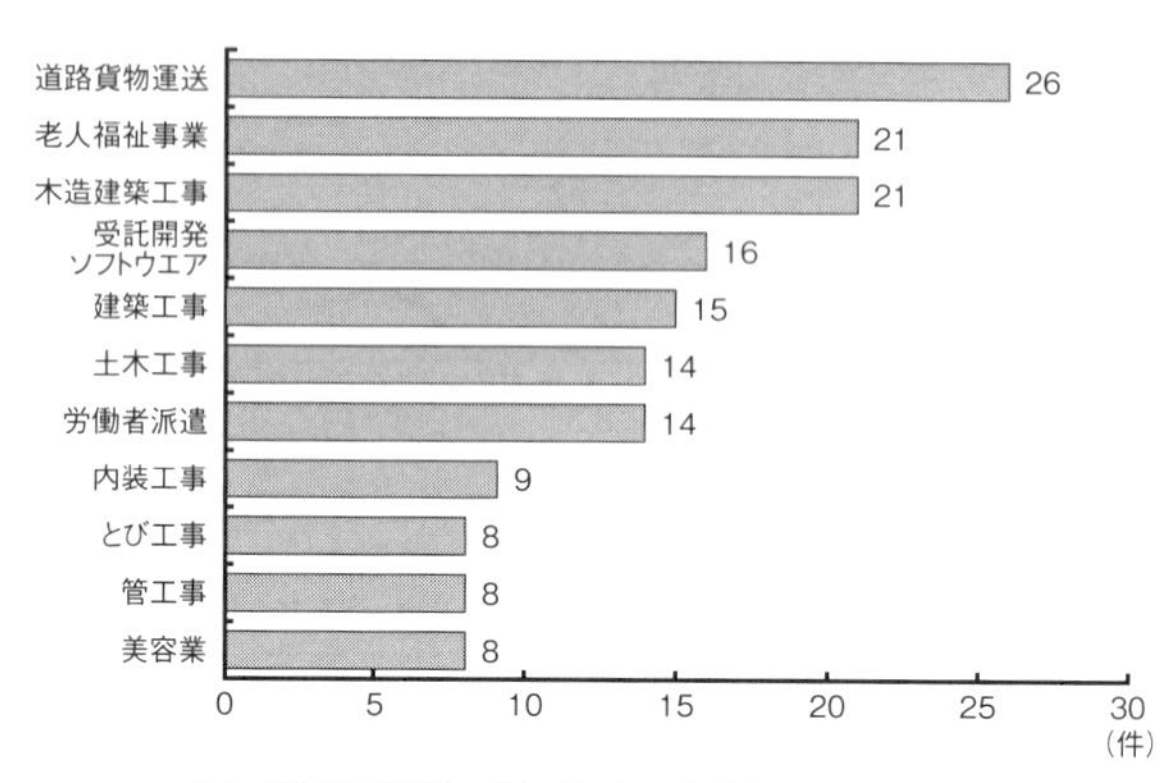

出典：「『人手不足倒産』の動向調査（2017年度）」（帝国データバンク）をもとに作成

肉体的・精神的に大変だと言われ、もともと離職率が高い業界だ。しかも実態以上にブラックイメージが定着して不人気になっているのに介護需要はどんどん増えている。

一番多いのが「道路貨物運送」業だ。

宅配業界の人手不足が、そのまま直接現役ドライバーの負担増につながっており、それを補うために宅配大手各社が相次いで宅配料の値上げに踏み切っていることはご存知のことだろう。

事情は日本郵便でも同じで、冬の稼ぎ時に前年比で人材が10%も不足し、遅延問題がいつ起きてもおかしくないギリギリの状況になっている。

２０１７年12月に佐川急便が上場に踏み切った理由も、資金増強のためではなく、優秀な人材を惹きつけるためだと公言している。

引っ越しシーズンのこの3月には、人手不足のため引っ越し業者に契約を断られる**引っ越し難民**も話題になった。

ちなみに、長距離輸送を敬遠するドライバーが増えていることも、ことの深刻さに拍車をかけている。これは私がかつて提唱した「マイルドヤンキー論」に通じるものだが、若者の地元志向が高まっていることに起因する。映画『トラック野郎』のように、昔だと知らない土地を巡ることにロマンを感じる若者も多かったが、今の若者たちは「週の半分以上も家に帰れなかったら地元の友達とも家族とも過ごせない」「知らない土地だと居心地が悪い」という感覚が強くなっているのである。

4位は「受託開発ソフトウェア」。上位10種のうち唯一のホワイトカラーである。

ＩＴ人材（理系人材）不足はずっと言われていることだが、ＩＴ需要が今後も高まっていくことを考えると、状況は間違いなくさらに悪化していくだろう。

国土交通省も「給料、休日、希望」からなる「新3K」とするスローガンを掲げ、建設業界の魅力を高めようと働きかけをはじめているが、このかつてない超人手不足の状況は、表層的なスローガンだけではいかんともしがたい状況になっている。

パートの時給は過去最高。宿泊、飲食、小売などでパートの確保が困難に

最近の人手不足関連のニュースでショッキングだったのは、人件費の高騰を理由とするファミリーマートによる24時間営業の見直しである。

同じく人材不足で悩む飲食業界では、マクドナルドが24時間営業の店舗を縮小したり、ロイヤルホストが24時間営業を全店で取り止める動きがあった。こうした飲食業界とは異なり、今や生活のインフラと化したコンビニが深夜営業を中止するというのは、ただごとではない印象を受けた。

そのニュースの数日後には、ローソンが人手不足を補うために深夜帯に無人レジの導入を検討しているというニュース、外国人労働者にコンビニ「運営」を学んでもらおうとしているというニュースが流れた。さらにその数日後、セブンイレブンで人手不足対

産業別パートタイム労働者過不足と判断D.I.

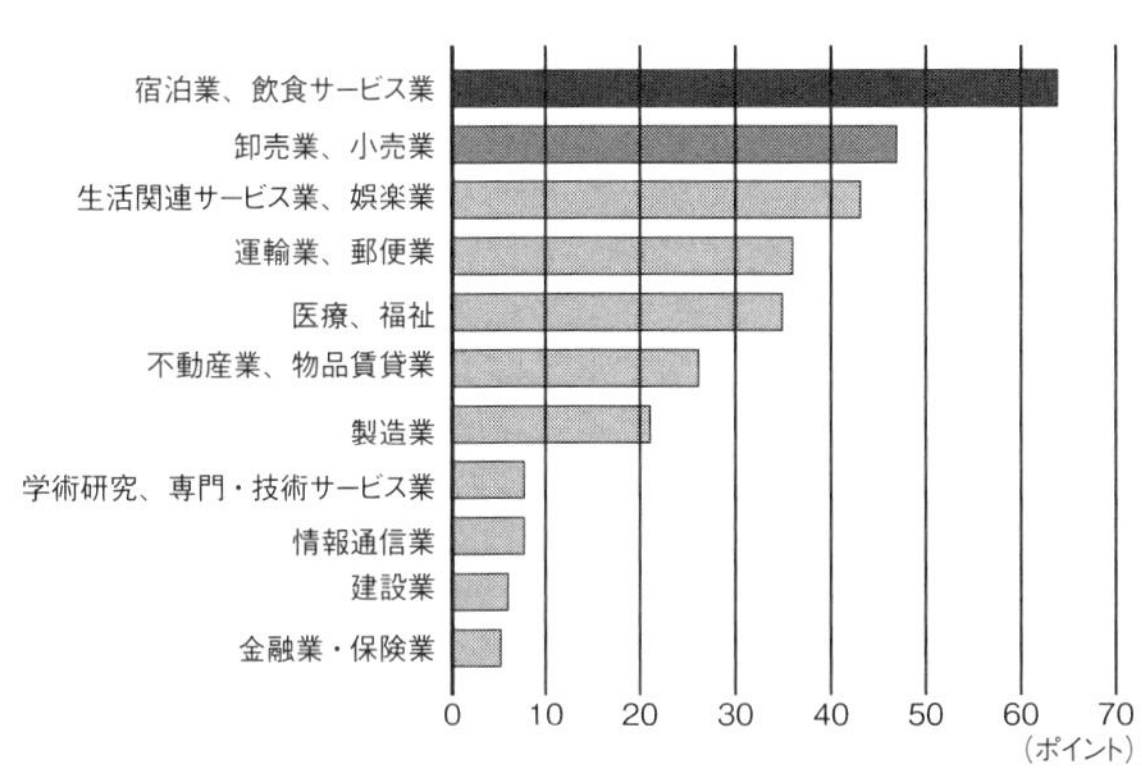

出典：「労働経済動向調査（平成28年11月の概況）」（厚生労働省）をもとに作成

策として従業員の作業効率を上げるために陳列棚を改良したというニュースが流れた。

ちなみに、パート労働者で人手不足が問題化している産業は「宿泊業、飲食サービス業」が1位で、「卸売業、小売業」が2位である（厚生労働省「労働経済動向調査〈平成28年11月概況〉」）。

こうした人手不足状況により、パーソナルキャリアが２０１７年10月にまとめたデータによると、同年９月のアルバイト及びパートタイマーの募集時平均時給は１０２１円で過去最高額を記録するにまで至っている。

こうした状況を受け、最近では、多くの

バイト先が学生バイトを引き留めるための様々な施策を打つようになっている。

例えばある有名ハンバーガーチェーンでは、バイトメンバーを集めて定期的にＢＢＱの会をやっているし、ある居酒屋では、年に一度バイトメンバーを連れて旅行に行くのが恒例になっている。

また、ある学習塾では学期終わりに食事会を催し（もちろん支払いは会社）、ディズニーランドに合宿（名ばかり合宿）へ行く。はたまたあるＷｅｂ系の会社では社長がアルバイトの誕生日に叙々苑でコース料理を奢るらしい。

株主優待券ならぬ、**バイト代＋αの何か「バイト優待券」的なものがなければバイトが集められないし、採用できない**状況となってきているのだ。

つまり、企業がバイトの時給以上にお金を払わないといけない時代になっている。

負のスパイラルで苦しむ地方の中小企業

業種別の話と並んで、人材確保で大変な思いをしているのが地方の中小企業だ。

「地方創生」の号令虚しく、東京圏への転入超過は戦後一貫して続き（いまだに！）、今年も約12万人超過し、15～24歳の若者だけでも9万人を超えている。

先日、宮崎県の経営者の集まる会合で講演をさせてもらった。その時、ある経営者の方がこうおっしゃっていたことが印象的だった。

「アベノミクスだ、株価高だ、マクロ経済の指標が良くなっているだと連日メディアで報道されていますが、まだまだその景気の波が宮崎県に及んでいる実感を持っている人はほとんどいないと思います。でも、（ある小さな村の名前を挙げて）あんな寂れた村の有効求人倍率がどんどん高くなり、今では1倍を超えてきている。この、景気が上がらないのに人手不足が進むという前代未聞の事態にどう対応していけば良いかまったくわかりません」

実際、宮崎県の有効求人倍率は全国平均よりは低いものの、2017年8月で1・4倍。前年同月比で5・4％増加している。

景気回復実感が少ないのに、地方の中小企業が人手不足に陥っている理由の一つに、超売り手市場になると、就職先にしても進学先にしても若者が少しでも好条件を求めるようになることがある。

先ほど地方の県庁が内定者に蹴られるようになっている話を書いたが、これも同じ話かもしれない。

今後は業績の悪い中小企業が人を採れない状況はさらに深刻化していくだろうし、超人手不足によって仕事が回せなくなり、結果、さらに業績が落ち、人が採れなくなる――という負のスパイラルに（特に地方の）中小企業が陥る可能性が非常に高まっている。

私は全国で講演をさせていただく機会が多くあるが、この数年、地方の様々な中小企業の経営者の皆さんから、以下のような声を聞く機会が増えている。

「求人サイトに出稿しても応募すら来ないので採用自体を諦めた」

「コストがかかるのに見返りの少ない新卒採用を諦め、中途採用だけに切り替えた」

「地元では誰でも知っている老舗企業なのに今年は新人が一人も入らなかった」

「人材が確保できないので、古参社員に無理を言って長時間労働してもらいなんとか仕事を回している」

「人が足りないので工場のラインを一部止めざるを得なかった」

「3年ぶりに入ってきた若手が1週間で辞めた」

「大企業より良い給与を準備したのに人がまったく来ない」

こうした傾向が地方に限らず、東京の中小企業にも急速に広がり、さらに大企業にさえ広がりつつあるのがこの数年の傾向で、今後、より顕在化していくだろう。

大企業ほど人手不足問題に危機感を感じていない

多くの大企業は大手の求人サイトに登録しているので、学生が気軽に出せるエントリーシートのシステムを利用している場合が多い。たいして本気でない学生も含め、何万人という単位で応募が来る会社もあるため、人手不足の深刻さに気づいていない企業がまだ存在する。

しかし、東京の大企業だからと言って決して事態を甘くみてはいけない。

超売り手市場であることは多くの学生も認識しているので、興味のない業界にわざわざ手を伸ばそうとせず、好きな業界だけの情報を得て、好きな業界だけを受けよう――と考える学生が増えているのだ。だからこそ、特に金融やメーカーなどの大量採用をしている企業は苦しみはじめているようだ。

また、ある大手企業に勤める私の知人がぼやいていたが、その企業の人事部は超人手不足にまだ本格的には気づいていないのか、自社が学生に人気があるという過信からか、伝統的に採用に力を入れておらず、人事部の若手に採用担当を丸投げしているという。

若手社員が人を見る目を養うためとか、若手社員のほうが若い学生の本音を実は見抜けるからだとか、若手に任せる何か明確な意図があるならまだ良い。しかし、もし仮に「自社は人気企業だから量的・質的に優秀な人材が応募してくるので、採用担当は誰がやっても変わらない。人事部とはもっと人事システムや社員の評価をきちんとする仕事に注力すべきだ」という発想を持っているのだとしたら、この「人手不足倒産」「生産年齢人口減少社会」という時代の新しく強大な脅威をまったく感じることができておらず、非常に危険だ。

事実、超人気企業でさえ、その会社を受ける学生の数は変わらないものの、質は大幅に落ちている、と言っている会社も増えてきている。

現場の一社員レベルでこうした深刻な事態に気がつかないのは百歩譲って仕方ないと

しても、もし経営レベルや人事部が気付いていないのなら、危機管理能力が低すぎると言わざるを得ないだろう。

かつて全国の学生の就職先として憧れの的であった超華やかな業界の某大企業が、内定者の半数近くに辞退されたという話も耳にしている（企業名は言えないが、聞いたら皆さんはかなりびっくりするだろう）。さぞかし人事部は大目玉を喰らっただろうが、それが今、実際に起こっている、そして、起こりつつある大きな地殻変動なのである。

企業にいま求められていることは、この状況をもっと真摯に受け止め、他社よりも早く対策を打つことだ。なぜならごく一部の企業はすでに採用環境や若者の変化にいち早く気づき、先手必勝で様々な施策を打ち、成果を出しはじめているからだ。

今の若者の価値観に即した採用、マネジメント、育成と、企業の人事部の役割は昔より増しているし、今後もっと増やしていくべきだし、それに気づいている企業とそうでない企業では今後、埋められないほど大きな**「採用人材格差」**が出てくるはずである。

底が見えない人手不足問題

外国人労働者は急増中。だが日本人気は低下

これだけ人手不足なので、中小企業、地方の企業、3K職場を中心に、外国人労働者をもっと積極的に受け入れようという動きが出てきている。

先日、テレビで韓国の大学が、日本のIT企業に就職することを前提に学生を教育している姿が報じられていた。韓国は日本とはまったく逆で若者に厳し過ぎる社会であり、大卒者の就職率も64・4%という数字なので、はなから国内での就職は諦め、隣国に思いをはせる学生が増えているらしい。韓国の学生たちは勤勉に日本語やプログラミングの習得に励み、複数の日系IT企業の合同面接会に臨み、見事内定をもらっていた。

特に人口減少が進んでいる地方では、外国人研修生に頼るしかない中小企業が多いという現実問題もある。

以前よりも改善されつつあるものの、過酷な労働環境・条件であるテレビの制作会社も超人材不足に陥っており、若者のテレビ離れも進み、志望者が年々減っている。だが

ら中国人をはじめとした外国人のADも増えている。

厚生労働省のデータによると、2016年10月末時点で、日本で働く外国人労働者は約108万人。前年比19・4%の増加で2002年に届け出が義務化されて以来、過去最高をマークした。外国人労働者を業種別でみると、製造業が最も多く約3割を占めるが、近年では建設業、宿泊業・飲食サービス業、卸売業・小売業が増加している(「外国人雇用状況」の届出状況まとめ〈平成28年10月末現在〉)。

ただ、今後、外国人労働者頼み一辺倒ですべての業界の人材不足を賄い切るまで本当にいくのか、という疑問が残る。

移民を受け入れることで少子化を防ぎ、人口を増やしてきた主要欧米諸国に比べると、日本政府や日本人は移民の受け入れに対し、現状ではかなり消極的と言わざるを得ず、生産年齢人口減少を完全に補うほど、移民が増えていくことは現状では考え難いからだ(政府は外国人の受け入れ拡大のために、新たな在留資格「特定技能(仮称)」の創設に着手することになったが、今の水準の人口を維持したいのであれば毎年50万人の移民を受け入れる必要がある)。

また、先ほどのベトナムにおける出稼ぎの場としての台湾人気のようにアジア諸国が経済的にどんどん発展しているので、日本の評価は相対的に低下している。

日本も徐々に景気回復が進み、超売り手市場になっているので、前述した韓国の学生の例のように、アジアの学生にとって日本企業は魅力的で、自分も「ダイヤモンドの卵」になりたいと思う人も増えはするだろう。しかし、日本語というたった一か国でしか通じない、グローバルで見るとまったく汎用性がない言語を学ぶこと、また、日本独特の文化・習慣に慣れることを得策と思ってくれる外国人学生は、残念ながらどの国でも少数派だ。

同じアジアエリアであれば、台湾のみならず、今や一人あたりの名目GDPがアジア1位で、日本の1・3倍もあり、英語も通じるシンガポールでチャンスをつかんだり、今後、アジア経済の覇者となるであろう中国やインドで働くことを選択するほうがよほど現実的で合理的と判断されてしまうかもしれない。そうなると日本はアニメオタクを中心とした**「オタク移民」**に期待するしかない（すでにそうなりつつあるが）。

そもそも日本人が出稼ぎに出るケースも増えるだろう。長らく「海外離れ」していると言われてきた日本の若者ではあるが、エリート層の海外経験や英語レベルは以前より上がってきているので、本当に優秀な若者は就職先として「脱日本」を選択するケースも今後は増えていくはずだ。

例えば、26年連続で経済成長を続けるアジア・オセアニア地域の雄であるオーストラリアは、最低賃金が時給約1500円で、バイトの時給が3000円、4000円といったレストランなども少なくない。よって、最近はオーストラリアに出稼ぎとしてワーキングホリデーに行く日本の若者が増えているらしい。

このオーストラリアの例のように、何もエリート層でなくても、日本が長引くデフレ経済に陥っている間に、日本よりも給料が高くなった欧米先進国や一部のアジア・オセアニアエリアに日本の労働者が流出していく可能性も大いにでてきている。

「アジアの若者を採れ」という発想の落とし穴

企業経営者と「若者人材」をテーマに話をすると、社長さんたちが日本の若者のハングリー精神のなさを憂えて「これからは中国やベトナムからやる気のある若者を採用しないといけない」といった話をすることが多い。

この発想は一見すると合理的に聞こえるが、実は大きな落とし穴が潜んでいる。それは、前述したように発展途上国の若者はガツガツするものだからである。

つまり、日本の若者も昔はガツガツしていたのだ。そして、中国もベトナムも近いうちに発展途上国から低成長経済社会となり、結果、中国の若者もベトナムの若者も「チル」な若者になっていくはずだ。

中国の大都市部ではすでにこの現象が起こりはじめている（詳しく知りたい方は、このことについて書いた拙著『少子さとり化ニッポンの新戦略』〈潮出版社〉をご覧いただきたい）。だから、企業が労働意欲の高いガツガツした発展途上国の若者を求める限り、永遠にイタチごっこになるだろう。今は中国やベトナムから必死で若い労働者を集めているが、そのうちにそれがカンボジアやミャンマーになり……と、より発展途上のエリアから若者を探し続ける戦いに陥ることになるはずだ。

それが永遠にうまく続けば良いが、日本に現実的な憧れを持っている国や国民は、世界中で私が若者インタビューを行っている実感として、東アジアと東南アジアの近場までだと感じている。

インドまで行くと彼らはイギリスやアメリカを見ている。もちろん、日本へのイメージは漠然と良いものではあるが、リアルな情報はあまり持っておらず、就職先としての魅力は主に金銭面だけのものとなり、渡航や移住などの様々なハードルはいっきに高くなる。

そしてこれは中東やアフリカや東欧でも同様のことが言える。

やる気はあるものの言語も文化も違う外国の若者たちをずっと採用し、育成し続けることと、ハングリー精神の少ない日本の若者を採用し、育てるのと、どちらが難しいかと言えば、一長一短であることがわかっていただけたと思う。

このように、長期的・多角的な視点で考えると、数の少なくなっている日本の若者を簡単に見限るのはまだ早計で、日本の若者という限られたパイの争奪戦でどう勝っていくかに注力することもまだかなり有効な手段だと私は考えている。

なぜなら、大変失礼かもしれないが、ほとんどの日本企業は日本の若者の採用について、まだ真剣に考えはじめているとはとても言えないからだ。

逆に言えば、今ならまだ早く手を打つことで他の企業に先んじることができる状況にあると言えるのだ。

第2章 こんな社員に困っている！

──「ミレニアル世代」の特徴──

人手不足が深刻化し、若者の希少価値が高まっていることをご理解いただいた上で、いよいよ本題に入る。
若者対策の第一歩は、ミレニアル世代の特徴を理解することである。
以下、彼らの特徴を、エピソードをまじえて紹介していく。

「会社の都合」より「自分の都合」を優先する!

個人主義化する若者たち　〜水曜にこだわる女〜

ミレニアル世代の最大の特徴は、彼らの希少価値が高まり過ぎたことに起因していると思うが、よく言えば「個人主義化」、人や場合によっては**「利己主義化」**している点にある。

若者研のメンバーで、ご多分にもれず人気の大手企業3社から内定をもらったある私立大の女の子がいる。ある日、その彼女から「会社選びで相談したいので、水曜日の夜、空けておいてください」とLINEが入った。

社会常識として、どんなに親しい相手であっても、せめて相手に都合の良い候補日を訊くのが最低限の筋。堅苦しいことはなるべく言いたくないが、相手が目上の人で、また自分からお願いするケースであればなおさらである。

ちなみに、私は日頃、若者研で彼らと協働する関係性の中で、彼らの就職活動の相談にも乗ったり、様々な企業の人を紹介したり、エントリーシートを添削したり、面接の練習を手伝ったりしている。しかし、就職指導はあくまで私の善意である。若者研の本来の活動とは何ら関係がない。

彼女のような自分本位のＬＩＮＥがきたら、大半の大人は憤慨するかもしれないが、ミレニアル世代相手ではこれくらいの出来事は日常茶飯事だ。

もちろん、いつの時代も常識の通じない若者はいる。私は15年以上に渡ってたくさんの学生たちと深く接してきているのでそれはよくわかっているし、自分も含め、過去の若者たちも大人たちに叱られ、社会常識を学んでいったものだ。

だから私は、彼女に苦笑しつつも「その日は仕事で大事な接待飲みがあるので、木曜なら大丈夫。どう？」と返信した。

すると彼女から次のような返信が来た。

「木曜は友達と飲む予定が入っているので、水曜でお願いします」

思わずスマホを持つ手が小刻みに震えた。自分の相談のために、まさか相談相手の予定を変えさせようとするとは……。

深く深呼吸をし、怒りを鎮めてから「じゃあ、金曜はどうかな？　この日も飲み会が入っているのだけど、仕事じゃなくてプライベートな飲み会だし、相手が親しい友人なので、お願いして予定をずらすことはできなくはないのだけど？」と平静を装って妥協案を提示してみると、すぐさま「金曜までに企業に返事をしないといけないので、水曜でお願いします」と返事が返って来た……。

もちろん、一生に一度の決断で前のめりになる気持ちはわかる。とはいえ、である。彼女とはそこそこ長い付き合いだが、私の教育不行き届きなのだろうかと我が身を振り返った。

結局、彼女の身勝手な頑固さに折れ、私は大事な接待の飲み会を無理矢理早めに切り上げる羽目になった。ちなみに彼女は２０１８年春から誰もが知る通信大手で働きはじめている。

こうした例は論外にしても、欧米的な個人主義、つまり自分の意思をはっきり主張するといったことは、「ノー」と言えなかったこれまでの日本人よりはマシだろう――という意見もあると思う。

しかし、彼女たち「ミレニアル世代」は、**自分の主義主張についてはむしろ今の上の世代が若かった頃よりも発言をしなくなってきている**傾向があるのだ。

彼女たちは小さい頃からＳＮＳで多くの人とつながり、そこでの炎上や人間関係のトラブルなどとともに生きてきた。だから、ムダな争いを避けるために表面的には穏やかだし、あえてはっきりと自己主張をしない傾向がある。

個人主義的ではあるが、自己主張はあまりしないし、そこまで自己が確立されているわけではないので、どちらかというと利己主義的な「**自分原理主義**」と言ったほうが適切かもしれない。「**自分の思い通りにしたい**」「**ありのままでいたい**」という気持ちが強くなってきている。

「自意識過剰」な若者たち！

ミレニアル世代に対するＳＮＳの影響は他にもある。

彼らは、中・高校生からＳＮＳを日常的に使って生きてきた。ＳＮＳ上では炎上や既読スルーなど様々なルールやトラブルがあり、時に嫌な思いをすることもあるが、自分がアップした情報や写真に対して、多くの友人から「いいね！」を押され、賞賛されて育ってきている。

これまでなら周りの多くの人たちから賞賛されるには、人並み以上の努力をし、大きな結果を得なければならなかった。しかし今は「〝プチ〟自己承認欲求」程度であればすぐに満たされるようになっているのだ。結果、良くも悪くもやや**「自意識過剰」な若者**が増えている。

先日、ある学生から「原田さんはテレビに出ているのに、インスタに何か投稿しても『いいね！』が10個から30個くらいしかつきませんね（笑）」と、要は「お前は人気がない」と言われたことがある（もちろん、半分冗談であってほしいが）。

確かに、その学生が一回何か写真を投稿すると50個から100個の「いいね！」がつく。でも、その「いいね！」の実態は、言わばサクラからの「いいね！」にすぎない。**友人同士、互いに「いいね！」をし合うというのが、このミレニアル世代の暗黙のルール**だからである。

自分が知らない人たちに向けて情報を発信する、言わば、道端で大道芸をやって「いいね！」をもらう私より、サクラによる賞賛の価値のほうが上だと勘違いしている若者が増えているのはおそらく事実だろう。

またこれまで散々述べてきているように、社会における若者の希少価値が高まり、自分が特別な存在であるという潜在的な感覚が増大している面もあるだろう。

もちろん、昭和の過剰な「自分より会社」「自分より上司」という価値観には大いに問題があったのだが、現在ではバランスを欠いた形で個人主義化が進んできてしまっている面もある。

「ワークライフバランス」重視！

「自分原理主義」にも通じるかもしれないが、学生が就職先として企業に求める条件として、ワークライフバランスを重視する傾向がかなり強まっている。

ワークライフバランスという概念がまったくなかった昭和という時代は今から考えると異常だった。ミレニアル世代は「ワークライフバランス」という言葉の普及とともに育ってきたし、そもそも彼らは「チル（くつろぎ）」を求めているのだから、自分の時間を確保する権利を強く求めるようになるのは、至極当たり前のことである。

原理原則はそれで良いとして、実際の仕事のシーンでは、様々なスケジュールが予定通りに進み、時間通りに終えるのが難しいケースもある。

若者研の活動は基本的にクライアントありきの仕事である。ルーティーンワークではなく、オーダーメイドでクリエイティブな仕事が多い。そのためなかなか時間が読めず、スケジュール通りにいかないこともままあり、終わり時間が正確には予想できない。

しかし、ここ1年くらいで**「終わり時間を決めてほしい」**と要望するメンバーが増え、終わり時間を決めたミーティングに泣く泣く変更したら（つまり、時間内に終わらなくても、そこで強制的に終わらせるというスタイルにしたら）、学生の参加率が上がるというわかりやすい現象が起きた。

若者研は決して正式な学校ではなく、マーケティングにかかわってみたいという学生のやる気のみで支えられている組織である。つまり普通の若者と比べると、やる気やモチベーションが高い若者たちが集まっているのだが、そんな「意識高い系」でさえ「ワークライフバランス」をかなり重視するようになっているのが実態だ。

たとえ今やっているプロジェクトがどれだけ魅力的でも、楽しくても、自分の成長につながるものであっても、**すべての時間や労力を「自分以外のこと」に注ぎ込むつもりはない**、という感覚なのがミレニアル世代である。

日本生産性本部が毎年行っている「新入社員『働くことへの意識』調査結果」の平成29年度版でもその傾向が見て取れる。

主だった結果は以下の通り。

・「仕事中心か（私）生活中心か」では、「両立」が79・1％でトップだが、「（私）生活」と「仕事」で比べると2015年から「（私）生活」が上回るようになり、7・1ポイント差がついている（14％と6・9％）

・「デートか残業か」では、「残業」が71％ではあるものの、「デート」派は28・7％で前年比6・1ポイント上昇

・「上司や同僚が残業していても自分の仕事が終わったら帰る」が前年比で9・9ポイント上昇して48・7％

これらのデータを見ると、「残業しない働き方」を企業がシステムに取り入れていかないと若者に受け入れられにくいということが顕著に出ている。

「意識高い系」ですら「ワークライフバランス」が最優先事項になってきつつあるので、政府がずっと導入したがっている「ホワイトカラー・エグゼンプション」（「高度プロフェッショナル制度」、「残業代ゼロ制度」、「脱時間給制度」とも呼ばれ、条件を満たしたホワイトカラーを労基法による労働時間、休日、深夜の割増賃金等の規制の対象から外す制度）を望む若者はおそらくほとんどいないだろう。

ただ、今の若者はかつての若者と違い、一見調和的で挑発や反抗はしない。例えば、

早く帰りたいからといって、終業時間の5分前から帰る準備をはじめたり、頑張って働いている先輩に向かって「今日はホットスパに行ってきます！」などと、とんでもないことを言って帰るような子はあまりいない。

ミレニアル世代は周囲との衝突や摩擦を避ける傾向が強いため、「あ、もう6時か。でも、先輩もみんな残っているなあ。じゃあ、あと30分くらい残ろうかな」と意味のないプチ残業をして帰る子がおそらく多いはずだ。しかし上の世代からすると結局のところ、「え？ こんなに忙しいのに帰ったの？」ということには変わりはない。

上の世代が若い頃は「仕事で大して成果も出していない自分ごときが権利を主張するなんて申し訳ない」という感覚があったはずだ。周囲に申し訳ないという気持ちや早く成長したいという理由から、サービス残業や休日出勤、有給の未消化を我慢するのが当たり前だった。

しかし、ミレニアル世代にこの感覚を押し付けることは難しく、そこにはもはや議論の余地はないのだ。

「コストパフォーマンス」より「タイムパフォーマンス」重視

「自分の都合」を極力優先し、「自分のペース」で働きたいと思うミレニアル世代の傾向は、アルバイト業界でもここ数年顕著になっている。

バイト選びの基準として、**多少時給が悪くてもシフトの融通が利くバイトをあえて選ぶ若者が増えている**のだ。欲しいものが明確にあり、そのためにガンガン稼いでいたバブル世代とは違い、今の若者は必ずしもお金を最上位の価値に置かないチルな若者になっているからである。

たくさんの友人とSNSを介してつながっている彼らは、上の世代が若者だった頃と比べると、いろいろな人から誘われる機会が物理的に多くなってきている。しかもその誘いは、SNSでたくさんの友達とつながっているがゆえに、「今、渋谷にいるけど、誰か遊べる人いる?」といったように、不特定多数に向けた突発的なものが多い。

もしその時バイトが理由で行けないとなると、彼らのなかに「自分の知らないところで何か面白いことをしているのかな？　乗り遅れたら嫌だな」という感情が湧く。だから、自分の都合で遊びに行けないというストレスを軽減できる自由度が得られるのであれば、少しばかり時給が安くてもかまわない、という発想になるのだ。

「コストパフォーマンス」より「タイムパフォーマンス」を重視するのも、ミレニアル世代の特徴である。

そして、おそらくこれは「学生」の「バイト」だけの話だけでとどまらないだろう。会社組織においても、接客業であればシフトの融通が利きやすい仕事が彼らの人気になりやすいし、デスクワークであれば、残業が少なく、休みの融通が利き、有給がとりやすい会社が人気となるのは必然と言えよう。

夜の付き合いが悪い！

上司との飲み会「月に0回」が4割

これはメディアでも巷でもよく言われていることだと思うが、今時の若者が「自分の都合」を過剰に大事にする傾向は、夜の付き合いにもあらわれている。

夕暮れ時、上司から「ちょっと一杯どう?」と誘われたら、他の予定を覆してでも付き合うのが昭和のサラリーマンの常だった。それが平成に入り、平成不況とデフレ経済によって会社員の経費が削減され、給料が減少し、雇用も不安定で流動的なものとなり、こうした昭和の社内付き合いは減っていった。

ミレニアル世代は自分のペースや自分の都合といったプライベートを大事にするため、上司や先輩との飲み会を敬遠する若者が増えている。彼らの個人主義化はますます進んでいくので、今後こうした付き合いはさらに減っていく傾向になるだろう。

シチズン時計が2017年に行った全国の新入社員に対する意識調査では、「平日は終業後、毎日寄り道せずに帰宅する」と回答した割合は43・9%。上司や先輩と飲みにいく頻度は「ない(ゼロ)」が41・5%(女性に限ると50・5%)で、「月1回」が36・5%だった。

日本生産性本部が2017年に行った調査でも「職場の同僚、上司、部下などと勤務時間以外はつきあいたくない」と答えた新入社員が、前年から10・1ポイントも増加して、30・8%になっている。

若者研でもこの3年くらいで、飲み会に参加する若者たちが目に見える形で一気に減ってきている。

それ以前は、徐々に減ってきてはいたものの、飲み会への参加率は全体的に高かったし、急に誘ってもフットワーク軽く来る子もまだ多かった。朝まで飲みたいとやたらと粘る若者もいた。しかし、今では若者研のマーケティング活動には参加したいものの、その後の懇親会には参加したくないという子も顕著に増えている。

業務だけやってそれで終わりではあまりにもドライ。むしろ飲み会に積極的に顔を出した方が、クライアントと仲良くなれるし、そして、学生同士も仲を深めたほうが仕事もよりやりやすくなるだろうと私は思うのだが、そんなことよりも、「自分のペース」や「自分の都合」――例えば、家に帰ってネットフリックスで「テラスハウス」を見ることの方を優先したいと考える若者たちが増えているのだ。

ネットフリックスなんていつでも見られるのでは？　と思う大人も多いかもしれないが、そういう問題ではなく、彼らからしてみれば、「今、見たい」という自分の気持ちがより大切になっている。つまり、彼らは必ずしも飲み会自体が嫌なわけではなく（もちろん、嫌な飲み会もあると思うが)、**自分のペースで生きたいだけ**なのだ。

だから、飲みの誘いになかなか乗ってこないミレニアル世代が職場にいたとしても、「俺は嫌われているのだろうか」と必ずしも考える必要はないだろう。

彼らだって職場の人と仲良くなりたいという気持ちがないわけではないのだ。先ほどのシチズン時計の調査では、理想の飲み会の頻度は「月1回」が40・3%でトップだったので、「頻度」がポイントなのかもしれない。もちろん、説教やお酒の強要、セクハラ、パワハラ、下ネタは昔以上にNGになっている。

いずれにせよ、若者研ではこの3年くらいの間に、前から予定していない突発的に開かれる飲み会や、朝までの飲み会はほぼ根絶された。

また、ミレニアル世代が会社の飲み会に参加しなくなってきているのは「自分の都合」を優先するという理由だけではない。「友達との予定」も優先させるようになっている。

これまで述べてきたように、ミレニアル世代の人間関係数は、SNSの影響によって上の世代が若者だった頃よりも圧倒的に増えた。

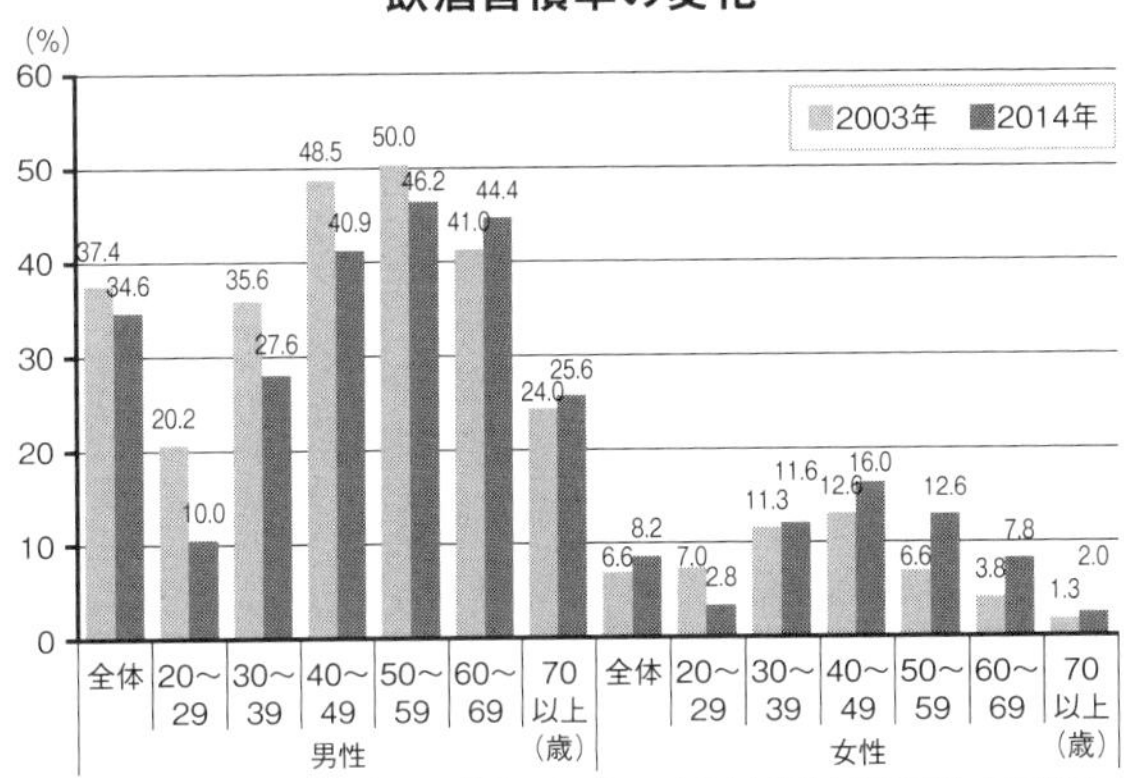

※飲酒習慣率は、週に3日以上飲酒し、飲酒日1日あたり1合以上を飲酒すると回答した者の割合。
出典：「国民健康・栄養調査」（厚生労働省）をもとに作成

ＳＮＳやケータイ以前の世代はケータイという連絡手段がなかったので、いったん就職したら大学時代の友達など昔の友達と頻繁に会うことはなかなか難しく、だからこそ、毎日顔を合わせている職場の人との飲み会が多くなっていた面があると思う。

しかし、今はＳＮＳで常につながっているので、離れているかつての友人たちとも予定が合わせやすくなっているし、友人の急な呼び出しにも応えられるようになってきており、会社の飲み会よりも気心の知れた人と会うことを優先するようになってきている。

さらに、お酒を飲まない若者が増えてい

ることも大きく影響している。

厚生労働省の「国民健康・栄養調査」（前ページ上段参照）によると、飲酒習慣（週3日以上、1日あたり1合以上飲酒する習慣）のある20代の割合を2003年と2014年で比較すると、男性は20・2％から10％へ、女性は7％から2・8％へと半分以上減っている。

最近では大学の新歓コンパも、お酒の出ないカフェでやる、というところもあるようだし、激しい飲ませ方をするサークルは、その噂がSNSで広まり、部員が集まらず解散に追い込まれてしまうケースが増えているようだ。

若者研でも、以前は学生たちが随分激しく飲んだ時期もあった。

私もしばしば学生に飲まされ、翌日、二日酔いのまま仕事をするといったことがよくあったが、ここ数年は飲み会でお酒をまったく飲まない子もたくさんいるし、潰れるほど飲む子はほとんどいなくなった。

必ずしもお酒を必要としていないミレニアル世代のこうした実態を、上司や先輩が理解できていない可能性が大いにある。ひょっとすると、若手社員にお酒の飲み方の研修を用意したり、若手のために、上の世代にお酒のない懇親会などを企画させる必要が出てきているかもしれない。

喫煙する若者の減少

お酒はもとより、同席者による喫煙を嫌う若者も多くなってきている。

２０１７年の20代喫煙率は男性が22・８％、女性が７％。ここ10年で半減している。ちなみに、私は数年前まで１日２、３箱吸うヘビースモーカーだったが、若者研の学生メンバーの喫煙率が大幅に減り、本当にタバコが嫌いという学生が増えたので、あまりに肩身が狭くなってやめた。

昔はタバコが嫌いでも、上司や先輩が吸っていたら耐えることが当たり前だったが、今は「スモハラ」（スモークハラスメント）と呼ばれ、若者に嫌われるようになった。

そもそも東京では吸う場所も大幅に少なくなってきた。

また、昔は松田優作など渋い俳優の喫煙姿に憧れてタバコを吸い始めた若者も多かったと思う。実は私も大学時代、憧れていた俳優の仲代達矢さんに新聞部の部員として取材した時に、取材中の彼の喫煙姿がかっこよすぎて感銘を受け、同じ銘柄のタバコを吸い始めたことが私の喫煙歴の始まりであった。

しかし、今ではテレビなどで喫煙シーンはほとんど描かれなくなっているし、憧れるきっかけがなくなってきている。

予定はないけど忙しい若者たち

飲み会に来ずに、彼らは家で一人で何をやっているのか？

飲み会に来られないほど彼らは忙しいのか？

上の世代はこう疑問に思うだろう。この問いに対する結論を言うと、仮に忙しくなくても、彼らは自分のペースを大切にしたいと考えるようになっているし、実際、自宅で一人でいる時でも忙しく感じるようになっている面がある。

大きな要因となっているのが、ミレニアル世代の象徴アイテムであるスマホである。

フジテレビとネットフリックスで放送されている、若者に人気の恋愛ドキュメンタリー番組「あいのり」の新シーズン（アジアンジャーニー）では、登場人物の一人としてスマホ依存症の若い男性が登場する。

スマホですべての物事を調べる癖が染みついている彼だが、旅の最中はスマホ禁止というルールがあり、恋愛テクをスマホで調べたいのに調べられず、大きなストレスを感じる——といったシーンが頻繁に描かれている。

彼のように、若者が仕事の休憩中にずっとスマホをいじるのは当たり前だし、人としゃべりながらスマホをいじるのも普通のことである。友達同士でご飯を食べている時に全員がうつむいてスマホを触っているケースなど、読者の皆さんも街でいくらでも見かけるはずだ。

先日、学生5人とご飯を食べにいったら、私が話をしている最中、4人は私の話を聞くが、必ず1人はスマホを触り、その子がスマホいじりをやめると、他の学生がスマホを取り出すという連鎖現象が起こった。

私を不快な思いにさせたくないが、まったくスマホをいじることができないのも嫌だ、という複雑な若者心理を、彼らなりにバランスをとって実現したつもりなのかもしれない。

彼らは部屋に一人でいても、いくらでもやることがある。いや、むしろそれどころか、やることに追われているケースも多いのだ。

スマホでやることの中心は、ＬＩＮＥやインスタグラム、ツイッター、などのＳＮＳであり、空間的には一人でも、実質的には他人と常時つながり、コミュニケーションが行われている。

小さな時から携帯を持ってきたミレニアル世代は、スマホ内のやり取りでも人と実際につながっている感覚があり、そこも立派な「実社会」になっているということを上の世代は理解する必要があるだろう。

パソコンスキルが低い子が意外と多い

話が変わるが、スマホ依存の反動として実はパソコンスキルが苦手だったり、ＩＴリテラシーが低いミレニアル世代が多いのをご存知だろうか。

正確に言うと、ミレニアル世代のＩＴスキルは二極化していて、ある程度、偏差値の高い大学生だとパソコンスキルに長けた子が多いが、それ以外ではパソコンがよくわからなかったり、タッチタイピングができなかったりする子が意外と多い（ただし、スマホのフリック入力や音声入力はうまかったりする）。

デジタルネイティブとも言われるミレニアル世代だが、その中にはスマホ依存が進んだ結果、パソコン離れを起こしてしまっている子も多いのだ。

大学の卒業論文（約2万文字）をスマホで書いて、書き終わったらそれをパソコンに送り、ワードに貼り付けてプリントアウトする学生も意外と多いし、就職活動の時期になって焦ってパソコン教室に通う学生もいるそうだ。

NECパーソナルコンピュータが行ったパソコンの意識調査によると、大学4年生の家族共用を含むパソコンの所有率は95・4%と高いものの、「自分のパソコンスキルに自信がない」と答えた大学4年生は70・7%にものぼる。日本の場合は家族で一緒にパソコンを所有する家庭が他国に比べると多いので、こうした状況も日本の若者のパソコン離れを促進しているとも言われている。

同じく、NECパーソナルコンピュータが行なった企業の採用担当者への意識調査でも、新入社員のパソコンスキルが「下がっている」「やや下がっている」と答えた割合は約42％で、「変わらない」という回答（約39％）や、「やや上がっている」「上がっている」という回答（約19％）を上回っている。

繰り返しになるが、「デジタルネイティブ」と言われるミレニアル世代の「デジタル」とは、スマホのSNSやゲームが中心なのだ。

パソコンで高度なソフトを使いこなせるとか、プログラミングができるとか、サーバーの管理ができるといった話ではないので、ただでさえ人手不足なのに、ITに詳しい若者を採ることは更に至難の業となっている。

波風を立てることをとことん避ける！

少年犯罪は10年で半減。「優しい子」が増えている

ミレニアル世代の良いところを挙げると、「優しい子」や「平和的な子」が増え「反抗的な子」や「生意気な子」が減ったことが挙げられる。

ミレニアル世代は、個人主義、時に利己主義だと書いたが、他人を貶めようとしたり、

少年による刑法犯 検挙人員・人口比の推移（年齢層別）

（昭和41年～平成27年）

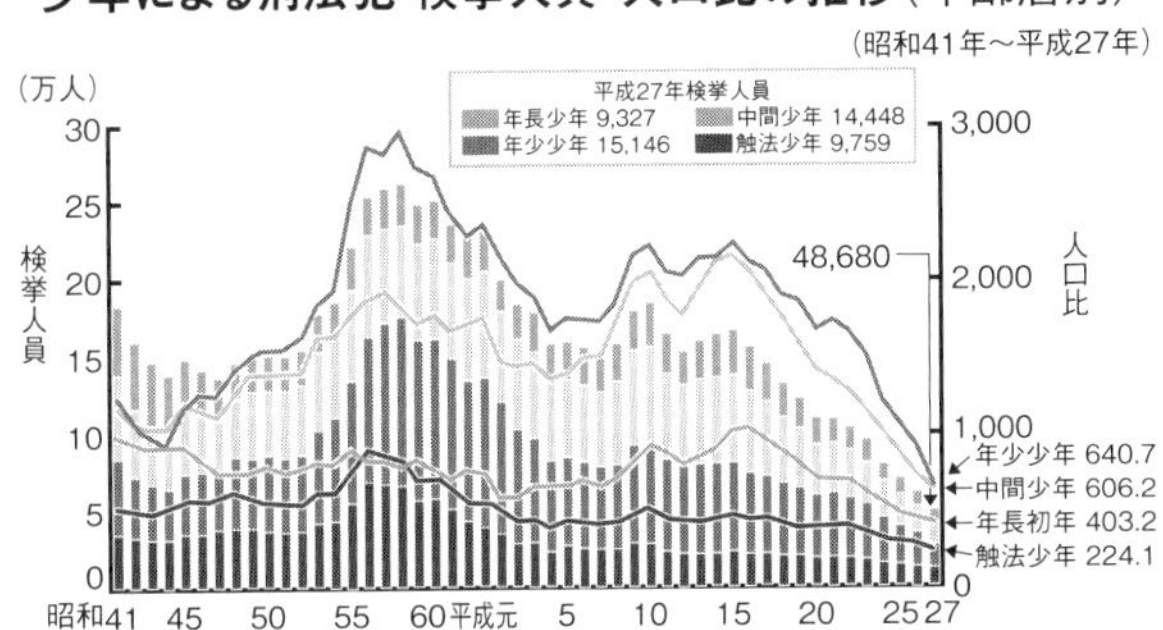

・警察庁の統計、警察庁交通局の資料及び総務省統計局の人口資料による。
・犯行時の年齢による。ただし、検挙時に20歳以上であった者を除く。
・「触法少年」は、補導人員である。
・平成14年から26年は、危険運転致死傷を含む。
・「人口比」は、各年齢層の少年10万人あたりの刑法検挙率（補導人員）である。なお、触法少年の人口比算出に用いた人口は、10歳以上14歳未満の人口である。

出典：「平成28年版 犯罪白書 第3編/第1章/第1節/2」（法務省）をもとに作成

他人の不幸を願う人は少なくなっていると思う。つまり、彼らはまず第一の特徴として「利己主義」でありながら、第二の特徴としてその対義語の「利他主義」でもあるのだ。

この矛盾に満ちた特徴が上の世代の彼らへの理解をさらに難しくさせている。

ミレニアル世代が平和的になってきていることは、未成年による犯罪件数の推移を見てもわかる。

1980年代、未成年の検挙数は25万人を超える年もあったが、2015年には5万人を切り、過去10年を見ても半減している（平成28年版犯罪白書より）。

若者の数自体が減っていることも多少影響しているが、若者10万人あたりの検挙数を比較しても、ピーク時の1983年の1／3以下になっているのだ。

「悪いことはクールだ」「ニヒルなものがかっこいい」「大人世代は敵だ」といった、かつての若者男子に少なからずあった価値観や感覚はほぼ化石になっている。

ヤンキーがマイルドになって「マイルドヤンキー」になったように、「ポイ捨てタバコをする姿がかっこいい」などと思う若者は激減しているのだ。

また、毎年、成人式といえば荒れる様子をテレビが映すのが定番となっているが、そのような感覚が残っているのは、今や北九州市やその他ごく一部の地域だけだ。全国のほとんどの成人式は健全に行われるようになっている（それなのにステレオタイプな成人式を描こうと、荒れる成人式をわざわざ探してテレビで流すテレビ局には閉口せざるを得ない）。

かつては思春期男子のヒールなスターであった尾崎豊だが、今では彼に惹かれる若者は少なくなっている。

この前も私が尾崎豊について話すと、若者研の学生たちが「彼は何でバイクを盗んだんですか？」「校舎の窓ガラスを割ったことを反省せずに、むしろ誇らしげに歌詞にしているのはなぜですか？」などと言っていた。

天国にいる尾崎豊もぽかんと口を開けているに違いない。

ちなみに今の若い女の子たちに「君たちの世代の男の子って優しいよね」と聞くと、多くが「とても優しい！」と答える。この質問は、ちやほやされているであろう可愛い女子に限定しているわけではなく、多くの女子がそう感じているようだ。

今でも半ばトラウマのようになっているのだが、私は小学校時代、クラスメートの気の強い女子に、「A君は女子にちゃんと『さん』を付けて優しく呼んでくれるのに、原田君は何で女子を呼び捨てで偉そうに呼ぶの？」と怒られたことを覚えている。昔の男子は優しい男子ではなく、私のように〝男らしい〟男子を目指していた人が多かったのではないだろうか。

拙著に『女子力男子』（宝島社）という、今時の男子が中性化、女性化していることを書いた本があるが、男子が優しくなっている背景には、こうしたことも影響しているのかもしれない。

「若者＝社会貢献の意識が高い」は誤解

若者が優しくなったというと「今の若い子って社会貢献とか好きだよね」などと思う方もいるだろう。

しかし、率先して人を傷つけたり、悪いことをする子は減ったものの、率先して人を助ける子がマジョリティになったわけでは決してない。

ミレニアル世代は人の幸福を素直に願うことができる人たちであるが、前提として、**第一に大事なのはあくまでも自分自身**なのだ。

お金よりも社会貢献を重視する若者は昔から一定数存在しているし、「社会貢献」は決してミレニアル世代の特徴というわけではないのだ。

社会貢献をする若者たちの象徴的な一派が、先進的な教育で有名な慶應義塾大学湘南藤沢キャンパス出身者（通称「ＳＦＣ系」）の一部である。

彼らは渋谷や六本木界隈の著名な起業家の周辺にいたりするし、社会課題の解決をビジネスにするいわゆる社会企業家も多いし個々の情報発信力も高い。中年世代が好むフェイスブックも巧みに使うので、若者の実情を知らないおじさん世代が、かなり偏った彼らを今の若者像の典型として勘違いして捉えやすいのではないかと私は分析している。

また、一般的に若者による志の高い活動は大人の願う若者像と合致するので、こうした若者による社会のためになる活動が過度にメディアに取り上げられやすいことも、ミレニアル世代に対する誤解が生まれる一因となっているのではないだろうか。

先のアメリカ大統領選でも、一部の大都市のリベラルなメディアが都会のリベラルな人々たちにばかり取材して記事を書いたので、多くのメディアがトランプ大統領の誕生を予測できなかった。

実際にはラストベルト（ラストとは金属の錆の意。米国中西部から北東部に位置する、鉄鋼や石炭、自動車などの主要産業が衰退した工業地帯の称）の白人たちの人口ボリュームもかなり多く、彼らの支持が中心となってトランプ大統領が誕生したわけだが、「若者＝社会貢献の意識が高い」と安易に感じてしまうのは、この現象にかなり似ている。

日本のメディアもおじさんもおばさんも、超一部のＳＦＣ出身の偏った「意識高い系」ではなく、もっと人口ボリュームの多いマイルドヤンキーたちを普通に近い若者たちとして見ないといけない。

表面上は従うが動かない！

年功序列神話はすでにない

波風を立てないタイプであることと、自分原理主義であることは、一見両立しないように思える。繰り返しになるが、それが両立しているのがミレニアル世代、とりわけスーパーゆとり世代なのだ。

私の飲み友達に、バブル時代にヤクルトスワローズのエースとして活躍した川崎憲次郎元投手がいるが、先日、彼が大変面白い話を教えてくれた。

野村監督がヤクルトを率いていた時代の話だ。

野村監督は大変有能で偉大な監督ではあったが、メディアで私たちが目にする印象通り、良い意味でも悪い意味でも選手との距離が遠く、よく言えば威厳があり、悪く言えば高圧的であり、尊敬でき頼りがいはあるものの、大変厳しい監督だったそうだ。

選手たちはその厳しさに対し、「監督をぎゃふんと言わせてやる！」という強い思いで一致団結し、それが大きなエネルギーとなり、当時のヤクルトは優勝できたそうだ。

この話のポイントは、当時のヤクルトの選手であった若者たちは、どんなに心では野村監督に反発心を持っていても、縦社会の構図が今よりはるかにきつかったため、監督やコーチの言うことは絶対的であったということ。そして、それに従う以外の選択肢はなく、せいぜい自分たちが野球で結果を出して見返す、くらいしか対抗手段がなかったということだ。

つまり、当時の選手たちは今の若者よりも目に見えて表面上は反抗的で生意気だったが、結局は監督やコーチの言うことに従ったのだ。

ところが、数年前、川崎さんがロッテの投手コーチになった時に、久々に若い選手たちと触れ合ってみて驚いたそうだ。今の若い選手は本当に素直で優しく、反抗的な子や生意気な子が一切いなくなっていたからである。

昔は芸能界や野球界にはヤンキーあがりなどヤンチャな子が多かったが、今はそうしたタイプの若者が大幅に減っている。例えば、川崎さんの時代の野球選手はスポーツ選手なのに9割方が喫煙者であったが、今は大幅に減ってきているようだ。

その一方で、彼らが監督やコーチの言うことを聞くのかというと、「全然聞いてくれない」と言うのである。

ミレニアル世代は年功序列や上意下達の枠組みが崩れた中を育ってきたので、表面的には反抗や反発はしない。しかし、彼らは個人主義化しているので、自分が納得しなければ絶対に言うことを聞かなくなっているのである。

繰り返しになるが、**表面の柔らかで調和的な態度と、内面の頑固さと個人主義のギャップが、ミレニアル世代の特徴**なのだ。

ミレニアル世代の間で年功序列神話や帰属意識が減っているし、個人主義化も進んでいる。上の世代に心の底からへりくだったところで、昭和のように会社から十分な見返りをもらえる時代ではなくなったことを悟った、ということもあるだろう。

実はこの「今の若者は自分が納得できなければ絶対に言うことを聞かなくなっている」という話は、川崎さんだけではなく、私がかつて対談本（『力を引き出す「ゆとり世代』の伸ばし方』〔講談社＋α新書〕）を一緒に出した青山学院大学陸上競技部の原晋監督も、そして、日本ハムの栗山監督も、まったく同じ話をされていた。

一般企業におけるミレニアル世代にもこうした傾向が見られるようになっているし、今後、そう実感する上の世代はますます増えていくのではないだろうか。

彼らは一見、まったく反抗的でない分、上司や先輩としては彼らを正すのが大変だ。昭和の時代は「いいから、やれ」と言うだけで済んだが、今は彼らが納得するようなプレゼンテーションや説得が、上の世代に求められるようになっている。

頑なに反省しない女

昨年、若者研でこんなことがあった。

大学3年になってからほとんど顔を出さなくなったA子という女の子がいた。ラクで楽しいレジャー活動だけに参加し、きちんとした活動を大してしていないのに、履歴書やSNSのプロフィールには「若者研所属」と平気で書くような子であった。他の数々の（おそらく大して活動をしていない）肩書と一緒に。

A子は就職活動で、ある人気企業に内定した。表面上を取り繕うのが大変うまい子なので予想通りの結果だったのだが、近年、こうした若者の表面上のアピールのうまさに騙されてしまう企業が多い。

私は彼女らと長く深く接しているので、彼女たちの実態をよく知ることができるのだが、就職活動の面接において、実際の彼女らの実力以上の過大評価を企業からされている子が多いと感じている。

企業は短時間の面接ではなく、これからは特にきちんと時間をとって若者を見るようにしたほうがいいと思う。ディー・エヌ・エーは合宿をして、長時間かけて採用する若者を分析するそうだが、それはある程度正しい手法ではないか。

A子のように、まるで渡り鳥のごとくいろいろな活動にちょこっと顔だけ出して、SNS上のプロフィールに様々な肩書を記す「肩書詐欺師」と言えるようなミレニアル世代は非常に多くなっているのだ。

話をもとに戻そう。

後日、A子が私に内定の報告をしてきた。私は「卒業まで残り半年くらいしかないけど、やる気があるなら、これまではあまり来なかったけど、これからたくさん若者研においで。若者研でいろいろな企業のプロジェクトをこなして、必死にいろいろ学んで、少し下駄を履いた状態で社会人のスタートを切ると後で楽だよ」とアドバイスをしたら、「これまであまり貢献できていなかったのにいいんですか？ 私頑張ります！」と予想外に素直な返事が返ってきた。

就職が決まったら意識が変わるもんだと感心しつつ、本人もぜひやりたいというので、彼女を若者研の重要な役職に任命した。就職勝ち組として、後輩たちに憧れられる存在として、最後の半年、若者研を引っ張っていって欲しいと願ったからである。

するとなんのことはない。その後、彼女は会合には一度も来ず、役職の業務もほったらかし。A子と同じ会社に内定したもう一人の女の子が若者研にいて、A子と二人体制で重要な役職についてもらっていたが、結局、A子がさぼるのでその子がすべての仕事をやる羽目になった。

A子と未来の同期ということで言い難かったのか、その子がA子のさぼりをずっと私に隠しており、かつA子は表面上の取り繕いがうまいので、私がその事実に気づくまでとても時間がかかった。

気づいた私がA子に連絡したら、「ごめんなさい。大学の先輩が急にバイク事故で亡くなって……」「すみません。ゼミの先生が倒れて……」等々、かなり眉唾の言い訳のオンパレード。一見、反抗的でないので、こちらも厳しく言うことができず……。

さすがにこの状態で社会人になるのはよくないと考え、有言不実行が甚だしいこと、そして仲間に迷惑をかけるのはやめてほしいという趣旨をLINEで伝えた。

すると、1週間後に長々としたLINEが彼女から届いた。

「原田さんのご指摘の通りです。社会人になったら、原田さんの教えを生かしたいと思います。ご迷惑おかけしてすみませんでした」といった反省文がずらずらとあり、ようやく心に届いたかと安心しかけた矢先、最後に衝撃的な一文が待っていた。

「つきましては、これから卒業旅行などでいろいろたて込む時期なので、若者研を辞めさせていただきます」

これぞまさに自分原理主義。もはやほぼサイコパス状態である。

もちろん、就職が決まった大学4年生なので、卒業旅行など学生時代の最後にやりたいことも山積みだろう。とは言え、自分で言ったことをせず、仲間に迷惑をかけたのだから、「これから卒業旅行などの時期で忙しくなるので、すべての活動は無理かもしれませんが、できる限り参加し、お役に立てるように、そして、自分も成長できるように頑張ります」などと返答すべきだろう。ある意味、真正直とも言える。

自分の感覚、自分のペースに本当に忠実で、行きたくないものには行かないし、やりたくないものはやらない。その一方で、争いごとや人とぶつかることが嫌いなので、平気で嘘をついてでも波風を立てないようにする。

「あなたとはぶつかりたくない。でもやりたくないことはやりたくない。こんな私の思いを理解してください」という無茶苦茶な要求をしてくるのがミレニアル世代なのだ。

A子に対して、大変無念ではあるがさすがの私も初めて若者にサジを投げた。

自分のことをまったく悪いと思えない彼女を、そして辞めたいと言う彼女を引き留め、半年間で成長させるのは無理だと判断したのだ。

しかし、今は超人手不足なので、多くの企業はこうしたシーンでサジを投げることさえできなくなっているのが現状だ。

謝るのに反省しない、イエスと言うのにやらない

ミレニアル世代は、仕事で何か失敗をし、叱られた場合、先述したA子のように謝罪はするものの、本心ではまったく反省していないケースも多い。

自分が悪いと思うのではなく、「この人は付き合い難いなあ」「私とは合わない」という思考をするのだ。逆らわず、従わず。まるでインド独立の父・ガンジーの「非暴力・不服従」のようで、上司からすれば「のれんに腕押し」の状態だ。

しかし、彼らは心の中でペロッと舌を出しながら、深刻そうな顔つきで「ごめんなさい」と言っているわけでは決してない。彼らにとっての「ごめんなさい」は、急に怒り出した上司の様子を見て**「私は悪くないし、だから直そうとは思わないけど、状況的にあなたの気分を害してしまってごめんなさい」**という意味であることが多いのだ。

ミレニアル世代には「優しさと自分主義の奇妙な共存」が成り立つのだ。

ミレニアル世代は表面上はとても素直に見えるので、きっと多くの人は私のように最初は騙されると思う。でも、仕事などを通じて深い付き合いになってくると、日常のさ

りげない場面で彼らの二面性に気づき、「違和感」を感じるようになるだろう。

我慢、忍耐力がなさすぎる！

コーヒーを飲まない若者たち

叱られ弱い若者やストレス耐性が低い若者、我慢や忍耐力がない若者はいつの時代にもいるが、やはり、昔よりかなり増えているのは間違いないだろう。

ミレニアル世代が自分にとって「不快なもの」を避ける傾向が強いことを示すわかりやすい例として、**「ピータータン現象」**というものがある。

これは私が創った造語で、大人になりたくないピーターパンのように、子供のままの舌（味覚）で大人になってしまうことを指す言葉だ。

つまり、子供舌（味覚）のまま大人になる若者が多い、ということだ。

子供の時、多くの人は酸味と苦みを嫌う。しかし、成長の過程で親や学校の先生や先輩から「もう小さい子じゃないんだからちゃんと食べなさい」と強制されることなどによって、徐々にそれらの味に慣れていき、かつては苦手な食材を克服していった。

ビールがいい例だろう。誰でも最初は苦いと感じるものだが、大学の先輩や会社の上司たちとの付き合いを通して（時に飲めと強要されながら）、次第に美味しく感じるようになっていくのが昔から一般的だった。

しかし、今の若者は小さい時から自分の意思が尊重される環境になってきているので、上の世代からの強制はあまりなくなっており、結果、ピーターパンの若者が増えているのだ。大人になったからビールが飲めるようにならないといけないという概念も薄くなってきている。

同じ理由から、コーヒーが飲めない若い子も増えている。

また、苦いものを敬遠するということは、甘いものに走るようになっているということである。

「スイーツ男子」という言葉もあるが、今どきの高校や大学の男子生徒のカバンやリュックを開けると、チョコレートがゴロゴロ入っている——といった光景は決して珍しくない。

コーヒー店に行くと若い子がたくさんいると思うが、大体フラペチーノやカフェオレやジュースを飲んでいるので、機会があれば是非店内を見回していただきたい。

コーヒーチェーン店が増え、自動販売機やコンビニにもコーヒーのコーナーがたくさんある。日本のコーヒー市場は活性化し、上の世代の日本人は以前よりずっとコーヒーを飲むようになってきているのに、若い世代の間ではピーターパン現象が起こり、コーヒー離れが進んでいるのだ。

だから、日本のコーヒー市場も、そう遠くない未来に、市場が縮小していくことになると予言しておく。

逃げの転職が増えている

忍耐がないといえば早期離職の問題がある。

大卒者の3割が就職してから3年以内に離職するという数字は、実はバブルの頃からずっと変わっていない。とはいえ、バブルの頃は「もっと自分に向いている仕事を探したい！」というポジティブな理由で離職していたのに対し、今は「とにかく嫌だ」というネガティブな理由で離職しているという理由の違いがある。

今は言わば**「逃げの転職」が増えている**のだ。もちろん、「ブラック企業」「サービス残業」などというバブルの頃にはなかった概念が広まったことも大きい。

また、社会人3年目以降になると、今のほうが離職率が高まっている可能性がある。

少しデータは古いが、厚生労働省による「企業における若年者就業実態調査」によると25～29歳で「初めて勤務した会社で現在勤務していない」と回答した割合は、1997年の同内容調査で34％だったのに対し、2013年には45％に増加した。

リーマンショック後の2012年には、若者の就職内定率がかなり良くなっていたのにもかかわらず離職率が高まっている。おそらく当時よりもさらに状況の良い現在では、転職がしやすくなっているという理由も加わり、若者の離職率は昔より高くなっているはずだ。

もちろん、転職が珍しかった（と思われていた）昭和とは違い、転職自体へのネガティブな感情が減っているので、必ずしも悪いと言うつもりはまったくない。むしろ理不尽な労働環境下で過剰な我慢をしていた昭和の労働はあまりに健康的ではなかったと思う。

とは言え、これまで述べてきたように、ミレニアル世代の耐性が過剰に弱くなってきていることはおそらく事実だ。

ましてや超売り手市場になっている今、若者は仕事に関する我慢をする必要が徐々になくなってきており、上司との相性や仕事の内容、同僚との人間関係などが少しでも嫌になったらすぐに辞めるという、ある意味で「逃げの転職」が増えているし、今後も増えていく可能性がある。例えば同期の中で女子が自分だけ、なども十分な転職理由になるので注意が必要だ。

世の中にストレスのない仕事やまったく辛くない仕事などないと思うが、超売り手市場は、若者が必要な忍耐を学ぶ経験の場を奪い、世の中に存在しない理想郷を追い求めさせつつあるのだ。

自分の意見を主張しない！

グループディスカッションで結論がまとまらない

ミレニアル世代は個人主義化しているものの、昔の日本人以上に**集団の中で意見を主張したり、強引に押し通したりするのは苦手になってきている**傾向がある。

これには主に二つの理由がある。

一つめは、ミレニアル世代はチルで平和主義な若者になっているので、競争意識や相手を論破したいといった願望をあまり持たなくなってきているということ。

もう一つの理由は、ミレニアル世代独特の人間関係によるものだ。

SNSでたくさんの人間とつながっている彼らは、炎上に代表されるように、出る杭は打たれ、陰口や噂話の多い、言わば**「SNSムラ社会型」**とでもいうべき人間社会を生きている。

何か尖ったことを言ったり目立ったことをすると、すぐにその情報が仲間内に回り叩かれてしまうので、彼らは本質的には個人主義でありながら、あまり自己主張をしない体質になっているのである。

若者研のＬＩＮＥグループで私が学生の皆さんに質問を投稿しても、1、2日誰も返事をしないケースがここ数年急に目立つようになった。

例えば「都知事選挙の時の小池百合子さんについてどう思う？」とＬＩＮＥグループ上で尋ねると、それまでＬＩＮＥ上で行われていた会話のやり取りが嘘のようにピタっと止まる。

政治に詳しくないというのも大きい理由だろうが、彼らはあたり障りのない会話に慣れてしまっているので、こうした議論が大変苦手になってきているのである。〝おかしな意見〟を言って周りから変に思われることを極度におそれているのだ。その証拠に「スマホでのムービージェニックな動画の撮り方」という議論とならないテーマであれば、たくさんの子が積極的に意見を書いてくれたりする。

そこで、議論を呼ぶテーマに関して若者から意見をもらいたい時は、私はサクラを仕込むことにしている。ピンポイントで数人の学生にお願いして、どんな意見でも良いので頑張ってＬＩＮＥグループに第一声を書き込んでもらう。すると、それが呼び水となって、他の学生もポロポロと意見を言い始めるようになる。

ひょっとすると今後、全国の会社の会議室で、若者に意見を言わせるために上司や先輩のサクラが仕込まれるという、おそろしい時代がやってくるかもしれない。

ブロックされるマウンティング上司

グループの話を半ば強引にまとめるような、強いリーダーシップを持った若者も減っている。

例えば、様々な企業の人事の方からよく聞く話として、採用の選考過程や内定者研修などでグループディスカッションをさせると、結論を出せずに終わるチームが年々増えているそうだ。

これまで述べてきたように、ミレニアル世代は大変マイペースだ。そして相手を否定したり、人とぶつかったり、自分の考えを人に押しつけて強引に意見をまとめたり——などはしなくなっているので、意見がまとまらないまま時間切れになってしまうケースが増えているらしいのだ。

ではディスカッションの場において、彼らの間で実際にどんなことが話されているかと言うと、人の意見をうんうんと聞いているだけのことが多い。

反論したり、矛盾を指摘したり、ダメ出ししたり、昔の尖った学生だったらついついやってしまっていた好戦的な態度をする学生は今はほとんどいない。

こうした状況は彼らのSNS上でのコミュニケーションでも顕著にあらわれている。

一方的にSNSに自分の写真を投稿し、それを見ている側も一方的にその写真を見て「いいね！」を押すという行為は、一見、双方向のコミュニケーションのように見える。しかし実のところ、かなり一方的なコミュニケーションに過ぎないのが「いいね！コミュニケーション」の実態である。ミレニアル世代のグループディスカッションは、まるでその実写版のような風景になっているのだ。

誰も傷つかないコミュニケーションという点では、無意味な足の引っ張り合いばかりしていた昭和の企業人よりよほど洗練されていると言えなくもない。その一方、お互いに切磋琢磨してアイデアがどんどんブラッシュアップされていくというプロセスが減っているので、会議の質的には大変脆弱になっている可能性が高い。

他人とぶつからないミレニアル世代を見て「今の若者には協調性がある」という浅い分析をする大人もいる。しかし、本当の協調性とは、お互いの違った意見や立場を理解し合い、その上で妥協点や収束点を探っていく姿勢のことではないか。その点、ミレニアル世代は、ただただ自分の近しい人との間で〝薄い賞賛〟を受けたり与えたりしているだけであり、これを強調性と言っていいのだろうか?

『金八先生』の世界だと、先生が怒ってクラスを飛び出したら、生徒の誰かがどう対処すべきか意見を言って、それに反対する子が出て、まあまあと調整する子も出て、それを取りまとめるリーダーもいた。最終的には「じゃあ、誰と誰で先生に謝りに行こう!」と決まるのがお約束のパターンだったが、今では金八先生も職員室で永遠に待ちぼうけだ。

自分の意見を言わなくなっているミレニアル世代を率いる上司や先輩に求められるのは、若者に意見を言わせる環境づくりをすることと、言いっ放されたたくさんの意見をまとめるスキルだ。

古臭いリーダーは若手社員を見下す傾向が強く、一見、彼らの話を聞くそぶりを見せても、最後は「でもさあ、お前」とか「まだまだだな」とマウンティングしてしまう。このような態度だとミレニアル世代は萎縮してしまい、さらに意見を言わなくなる。

これまで述べてきた通り、上司が高圧的な態度で接しても、反抗するミレニアル世代は少ない。しかし、表立って反抗こそしないものの、彼らは心の中ではまったく納得していない。「この人とは合わない」と断定され、まるでＬＩＮＥのブロック機能のようにこの上司は心のブロックをされ、以後、彼らと本当の対話はできなくなるであろう。

彼らの話を引き出すためには、若手であっても一人の大人としてしっかり認めてあげて、仮に未熟と感じても彼らの話に耳を傾け、若手からも積極的に学ぼうとする姿勢を見せることが大事になっている。そして意見をまとめる場面では、昭和型リーダーの強引さを思い出して、半ば強引に意見をまとめるのも大切だ。

このような**柔と剛を併せ持つハイブリッド型**になることが、今の上司や先輩たちには求められているのだ。

縦社会の論理に従ってもらえない！

縦社会ではなく横社会を大事にする若者たち

「会社の廊下で役員とすれ違っても挨拶をしない」
「差し入れがあった時に、真っ先に上司の元へ持っていくような配慮がない」
「退社する時に上司のデスクへ行って挨拶しない」
「先輩に平気でタメ口を使う」
「上司にご馳走になった翌朝に改めてお礼を言いに来ない」

こうした類の話をたくさん耳にするようになった。つまり、ミレニアル世代の礼儀のなさについての愚痴である。

いつの時代も若手社員の社会常識は欠如しているものだが、ミレニアル世代は縦社会の感覚が根本的に薄くなっているので、先にあげたような上の世代による愚痴が昔より確実に増えているのだ。

理不尽なことも多かった昭和的な縦社会の風習には私も大反対だ。とは言え、日本社会はいまだにある程度は長幼の序を重んじる縦社会である。ミレニアル世代にとって、少なくともこの縦社会のルールを知っておくことは、彼らの居心地を良くすることにもつながると思うのだが。

私が社会人になった頃は、まだ社内の上下関係が今よりはっきりしており、「いい部下とは上司の考えていることを先回りできる部下のこと」という考えに疑いがもたれない『超忖度社会』であった。いや、いまだにこうした会社のほうが、日本には多いかもしれない。

しかし、ミレニアル世代に縦社会の象徴である忖度を期待するのは難しくなってきている。その理由には、またしてもＳＮＳの影響が関係しているように思う。

ＳＮＳの普及でミレニアル世代は同世代との人間関係が大変広くなっており、彼らの関心の多くは広くつながったお友達に注がれるようになっている。昭和的な忖度とは、縦社会における気遣い、具体的に言えば、上司や先輩への気遣いのことであった。ＳＮＳに注力しているミレニアル世代にとっての忖度とは、**横社会における気遣い、具体的に言えば、同期や友達や年の近い先輩・後輩などフラットな関係の人間に対する気遣い**

のことをあらわすようになっているのだ。

だからミレニアル世代は昭和型の縦社会の忖度が苦手だ。彼らなりに気を遣っても、それが上司や先輩に伝わらないことが多い。

博報堂が行っている意識調査を見ても、上の世代と付き合うのが苦手と感じる20代の若者の割合は年々増えている。

日本全体でも過剰な忖度がなくなってきていることは事実だし、フラットでオープンな社会へと徐々に移行しつつあることも事実。上の世代としては、日本全体が横社会化しているし、少なくとも彼らの横社会的な「みんな平等、みんな仲良し」という感覚を理解しておく必要はあるだろう。

忖度できない男

「忖度」についてもう少し言及したい。

2017年の新語・流行語大賞に「忖度」という言葉が選ばれた。「モリカケ問題」によってクローズアップされたこの言葉は、今では悪しき昭和の慣習というニュアンスを多分に持ってしまった。

トップダウンの縦社会において、忖度とは本来至極あたりまえの上司や先輩への気遣いであり、できる部下の基本的なビジネスマナーだったはずだ。かつての日本はやや過剰であったが、欧米にだってトップダウンや忖度はあたりまえに存在する。

しかし、先述した通りミレニアル世代の間で、忖度力は減ってきている。

若者研メンバーで広報担当のある学生がいる。

ある日、彼と飲んでいたら「これまでは若者研の価値があまりわからなかったので、参加頻度もまばらでしたが、最近は非常に価値を感じるようになったので、今後はもっと積極的に参加させてもらいます」と言ってくれた。嬉しい気持ちになり、遠方での調査業務に彼を誘ってみたら、今まで何度も断っていたのにわざわざ学校の予定をキャンセルしてまで協力しに来てくれた。

いいメンバーを持ったものだと感慨にふけった私だったが、後日、その喜びは絶望に変わる。

彼も参加してくれた今後の若者研の方向性を議論する重要な会議の日。17時開始で、

22時終了予定の長丁場。19時くらいになった時に、彼が突如荷物をまとめはじめ、スッと立ち上がって「原田さん、僕、サークルの飲み会があるので帰ります」と言ってさわやかな笑顔で会議室を出て行ってしまった。

彼の堂々とした退出劇により、当日初めて参加したメンバーが、若者研をまるで大学のサークルのような出入り自由な場だと勘違いし、つられてその後、ぞろぞろと帰ってしまうという最悪の結果につながってしまった。彼もせめて堂々とではなく、こそっと帰ってくれたらまだ良かったのだが……。

冷静に考えてみると、彼の先ほどの言葉を私が過剰に好意的に受け取ってしまったのだろう。

縦社会がいまだに染みついている私の感覚からすると、組織への参加意欲を語った以上、たかがサークルの飲み会のために、重要な会を途中退席するはずがないと考えてしまう。しかし、「自分の都合」や「友達重視」の傾向が強いミレニアル世代にとっては、若者研への関心が以前より高くなったことは事実ではあるものの、勉強色の強い若者研より、サークルの飲み会のほうが重要だったということなのだろう。

それにあまりに堂々とした途中退室という自由奔放な行動も、彼なりに私と距離が縮まったと感じたからこそとった行動かもしれない。この上下関係の少なさ、公私のなさがまさに「ＳＮＳ横社会」と言える。

こうした世代間ギャップや縦社会と横社会の違いからくるディスコミュニケーションの事例は、今後、日本の会社で昔以上に頻繁に生まれるだろう。

しかし、若者を批判し、嘆いている時間は、「人手不足倒産」の時代を迎えている日本企業にはもうない。

ミレニアル世代には前提として、昭和的忖度を期待してはいけない。

私たちがアメリカ人に日本的忖度をはなから期待しないのと同じように、「ＳＮＳ横社会」という〝外国〟で生まれ育ったミレニアル世代に、ゼロから優しく丁寧に忖度を教えるか、さもなくば、日本企業自体が「横社会化」していく必要が生じており、おそらく今は後者が求められる時代になっている。

無駄に自分を良く見せようとする!

「勘違い男」が増加

ミレニアル世代のさらなる特徴の一つに、ITテクノロジーの発展のおかげでプロの「真似事」ができる場が異常に増え、それで満足してしまうという傾向がある。肩書アピールだけうまい〝嘘つき〟が増えている、という話を書いたがまさにそれも同じ話だ。

例えばスマホや一眼レフや加工アプリ等の普及で、巷に「自称カメラマン」「自称映像クリエーター」「自称読者モデル」「自称インフルエンサー」の若者が急増しているのがその典型である。

フリーペーパー作りも、世にたくさんあるビジネスコンテストもこの類だろう。

ビジネスコンテストを機に本当に起業するなら良いが、大概はその場で表彰されて終わり。しかも起業したこともないサラリーマンに起業アイデアを評価されて満足していたりする。

ビジネスコンテストの過程で学ぶことはたくさんあるだろうが、スタートアップワナビー状態として自分に酔いしれただけで終わるのはあまりにイタイ。

いろいろなテクノロジーに頼れば、一学生が表面的にはプロと同じように見えるモノを創ることができる時代となった。しかし、その「表面性のみの類似」や「中身のなさ」は、良識ある大人が見れば一発でバレてしまう。

本当のカメラマンや本当のモデルのレベルにないから、それだけでご飯が食べられていないという当たり前のことに気づいていない学生も多い。こうした猿真似に酔いしれるミレニアル世代は多いのだ。

SNSでつながっている同世代の友達がなんでもかんでも「いいね！」を押してくれるのも、勘違いに気付かない状況を加速させてしまっている。

物事を極めるステップを示す「守破離」という言葉があるが、まずは「守」である真似から入ることはむしろ王道の方法だ。でもあくまで「破離」までいくための「守」であって、「守」で終わってしまうセミプロが増殖しているのだ。

勘違いは無駄なプライドを生む。そんな無駄にプライドの高い彼らの気分を害さぬように、徐々に現実を知らしめないといけないという面倒臭い課題が我々上の世代には待ち受けているのだ。

プチ盛り文化と間接自慢

様々なテクノロジーの発展やSNSの普及にくわえ、日々、周りから「いいね!」をもらえることで自意識も高まり、自分を良く見せようとする若者が増えているという話をした。

もちろん昔の若者も、等身大の自分以上の自分を人に見せたがる傾向があった(イキがるヤンキーなどはその典型)。しかし、今の若者は昔の若者のように自分を過剰に大きく見せたり、大きな自慢をすることは少ない。あくまでもさりげなく、**「軽く盛る」**のがミレニアル世代の特徴だ。

ミレニアル世代のこうしたプチ自己PRの手法の一つに**「間接自慢」**というものがある。(くわしくは拙著『間接自慢する若者たち』[KADOKAWA]を参照いただきたい)。

間接自慢とは婉曲的・間接的に自分の自慢をする手法のことである。

例えばある若い男性のインスタグラム。室内から撮られた満月の写真とともに「今日はいい満月だ」というコメントが載っている。一見、何の変哲もない満月の投稿である。しかし、その満月の写真は不思議なことに、満月のアップではなく、わざわざ室内の窓からけっこう離れたところから撮影されている。

そしてその写真をよく見ると、写真の手前側に部屋の家具らしいものが置いてあり、撮影場所がレストランなどではなく、投稿者である彼の部屋であるらしいことがわかる。つまりその満月写真は、実は「俺はこんな素敵な夜景が見られる、素晴らしいタワーマンションに住んでるんだよ」ということを周りにPRするために、あえて引いた構図で撮られたと推測できる。

これが間接自慢であり、要は、ストレートに自慢する（直接自慢）のではなく、気づく人は気づいてくださいといったくらいの婉曲的な自慢をする（間接自慢）若者たちが増えているのだ。

私は最初にその投稿を見たとき、「若いのに満月の投稿だなんて風流なやつだな」と感心したのだが、若者研の学生たちに「原田さん、やつに騙されちゃダメですよ」と言われてようやく気がついた。

他の事例も挙げてみると、例えば、「肉！　うまし！」などというコメントとともに、大きなステーキの写真がある女性のインスタに投稿されている。

肉を自慢したいのであれば肉を接写して投稿すれば良い。しかし、これまた大分引いた構図で撮られている。写真の見切れた上の部分には、どうやらもう一人分のお皿の端が映っているように見える。つまりこれも純粋なお肉の自慢ではなく、「こんないい肉を食べに連れて来てくれる彼氏がいるのよ」ということを暗に匂わせている間接自慢なのである。

ＳＮＳムラ社会を生きているミレニアル世代は、直接自慢をしてしまうと、炎上したり、嫌がられたりしてしまうことにおびえており、結果、この間接自慢という手法が広がっていった。完全な嘘なら見抜けるが、この「微妙な盛り」と「間接自慢」は、上の世代が見抜くのも気づくのもなかなか難しい。

世の上司たちは、彼らのこの繊細な自己アピールに気付いてあげることができるだろうか？

仕事に対する熱意が感じられない！

「責任をとりたくない」若者たち

先日、美容師向けの専門誌からインタビュー取材を受けた時に、記者さんから聞いた話がある。

最近、美容室のアシスタントの若者で、「美容師になりたくない」と考える子が増えているというのだ。

その理由は、美容師になるとお客さんから文句を言われたり、売り上げ目標を立てさせられたり、責任がいろいろのしかかるから。アシスタントなら美容師から言われたことをやっているだけでよくて、美容師免許も不要。それでいておしゃれな業界で働いている実感もあるため、それで十分だという若者が増えているのだ。

かつてはカリスマ美容師として有名になって、客をたくさんつけて、最終的には独立し、自分の美容院を作って経営者になりたい――という人がほとんどだったそうだ。今ではアシスタントさんたちからそうした大きい夢が聞かれることは少なくなっている。

年収200万円くらいのアシスタントという仕事は、かつては「不本意ながらも、最初はやらざるを得ない典型的な下積み」だったが、今では人生のゴールになっている。

同じように、テレビの業界でも「ADのままでいたい」と考える子が増えているそうだ。以前のテレビマンであれば、少しでも早くディレクターになって自分の好きな映像を作りたい、と考えるのが普通だった。

それくらい「責任をとる」という行為が、今の若者たちにとって最も避けたい行為の一つになってきているのだ。

最近は肉食男子も減り、若者の間で合コンが激減しているようだが、その理由の一つに幹事をしたくない若者の増加があると言われている。

幹事をしてあまりいい異性を集められなかった時に、周りに責められるのが嫌なのだ。これは合コンに限らず、サークル等の活動でも、「幹事」になりたくない若者たちがマジョリティになってきている。

以前であればとにかく幹事をやりたがる目立ちたがり屋・仕切りたがり屋の若者たちは多かったと思うが、今はそうしたタイプは絶滅危惧種になっている。

数少なくなった仕切り屋の若者は今後、日本の企業において非常に貴重な存在となっていくかもしれない。

今の若者は「課長島耕作」がゴール

若者の過剰に「責任をとりたくない」という気持ちと、その結果である「出世欲の減少」は、責任を背負って出世したところで得られるものが少ない（と感じられる）社会になっていることが一つの原因となっている。

日本生産性本部が２０１６年に行った調査では、新入社員に最終的に就きたいポストを尋ねている。

男性は２００６年と比べて「社長」が24・８％から15・９％へと大幅ダウン。その代わり「課長＋係長＋主任班長」が６・５％から11・０％と４・５ポイントアップした。責任の象徴とも言える社長離れが顕著に現れている。

女性については、「社長」が６・２％から２・８％へと減少する代わりに「課長＋係長＋主任班長」が18・９％から30・８％へと大幅に増加している。

どのポストまで昇進したいか（平成18年度と28年度の比較）

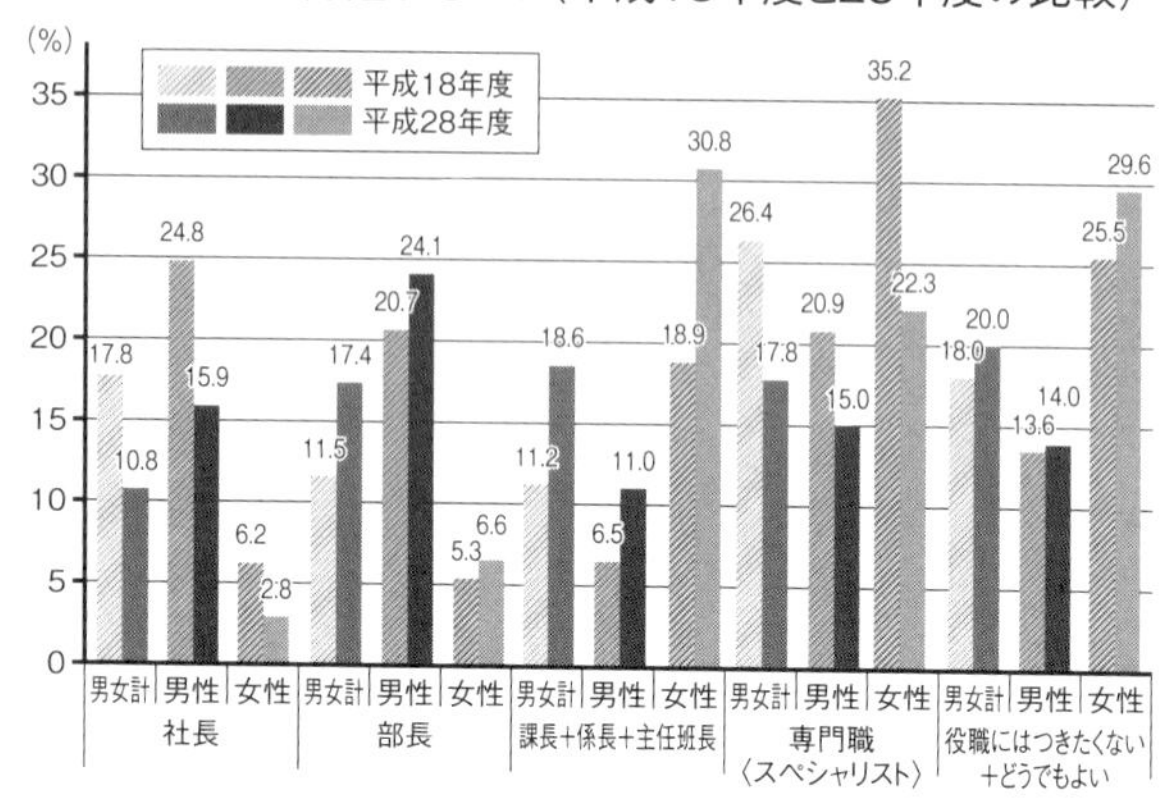

出典：「平成28年度新入社員『働くことの意識』調査結果」（日本生産性本部）をもとに作成

つまり、「社長離れ」と「管理職志向の高まり」がミレニアル世代の特徴ということだ。最近も、知人でインキュベーション事業を営む団塊ジュニア世代の経営者が、20代の社員に「この事業、法人化するからお前が社長になれ」と言ったら、「嫌です」ときっぱり断られたと嘆いていた。

若者が社長を敬遠するようになったのは、まさに先ほどの美容アシスタントやAD同様、責任やリスクを負いたくないからだ。出世しすぎると自分の時間がなくなるというイメージも根強い。社長になることで収入は増えるかもしれないが、今の若者は物欲も低下しているので、私生活を犠牲にしてまでお金を欲する人は減っている。

弘兼憲史氏の大ヒット漫画『課長 島耕作』は、団塊世代の主人公の課長・島耕作が、大手家電メーカーで派閥抗争などに巻き込まれながら、最終的には社長、会長の座まで上り詰めるというストーリーだが、その**スタートラインである「課長」をゴールに定める若者が増えている**ということである。

ではなぜミレニアル世代にとって管理職がベストなのか。

その理由の一つに、若者が勝手に思い描いている「管理職像」があると思う。若者からすれば課長のようなポジションは、上の世代とも下の世代ともコミュニケーションをうまく取りながら仲良く過ごす、大変バランスの良い地位に見えるようだ。

もちろん、これはただの彼らの幻想に過ぎず、実際には上と下との板挟みで残業代もつかず、プレーイングマネージャーという二刀流として、下手すると役員よりも忙しい場合もたくさんあるのだが、多くの若者はその事実を知らない。

「人並みに働けば十分」と考える若者の割合は過去最高に

日本生産性本部の調査では、新入社員に対して「人並み以上に働きたいか」という問いがある。その問いに対し「人並みで十分」と答えた割合は２０１６年に58・３％に達し、過去最高となった（２０１７年も57・６％で高水準）。

最近では、有名な大学を出ているにもかかわらず、一般職に就くことを希望する女子学生も増えている。総合職だとプレッシャーも大きいし、会社によっては転勤もあるし、一般職と比べて残業も多い。それに出世しようものなら、責任ものしかかる。それら「不快なこと」を回避する防衛策として、そして恋愛・結婚やプライベートとのバランスをとる手段として、一般職を選びたいと考えるようになっているのだ。大変現実的な思考になってきていると言っていいだろう。

「安定志向でなおかつ人並みに働けばいい」という発想をする若者だけに、起業を希望する人の数も減っている。

総務省統計局が5年ごとに行っている「就業構造基本調査」によると、起業希望者の中で29歳以下の若者が占める割合は、1997年に30・2％だったのが2012年には17・8％まで大幅に減少している。

最近では「自由な働き方」「スタートアップ」「ベンチャーキャピタル」といったキーワードを頻繁に耳にするようになったので意外に思われるかもしれないが、大多数の若者は**「そこそこ頑張って、そこそこ稼いで、そこそこ楽しい（＝楽な）生活をできるだけ長く続けられればいい」**と思っているのだ。起業は彼らの望むライフスタイルにはまったく合致しない、大博打なのである。

ホリエモンこと堀江貴文さんは、2000年頃に新しいタイプの若者（ヒルズ族）として世の中にデビューした。団塊ジュニア世代の彼ももう40代後半で、至極当たり前ではあるが、今の若者から見れば彼は若者の象徴ではなく、やたらとエネルギッシュなおじさんなのである。

終身雇用制度を望む

ミレニアル世代は**リスクを嫌い、安定を好む**傾向が強くなってきている。

「同じ会社で仕事を続けたいと思う」人の割合（年代別推移）

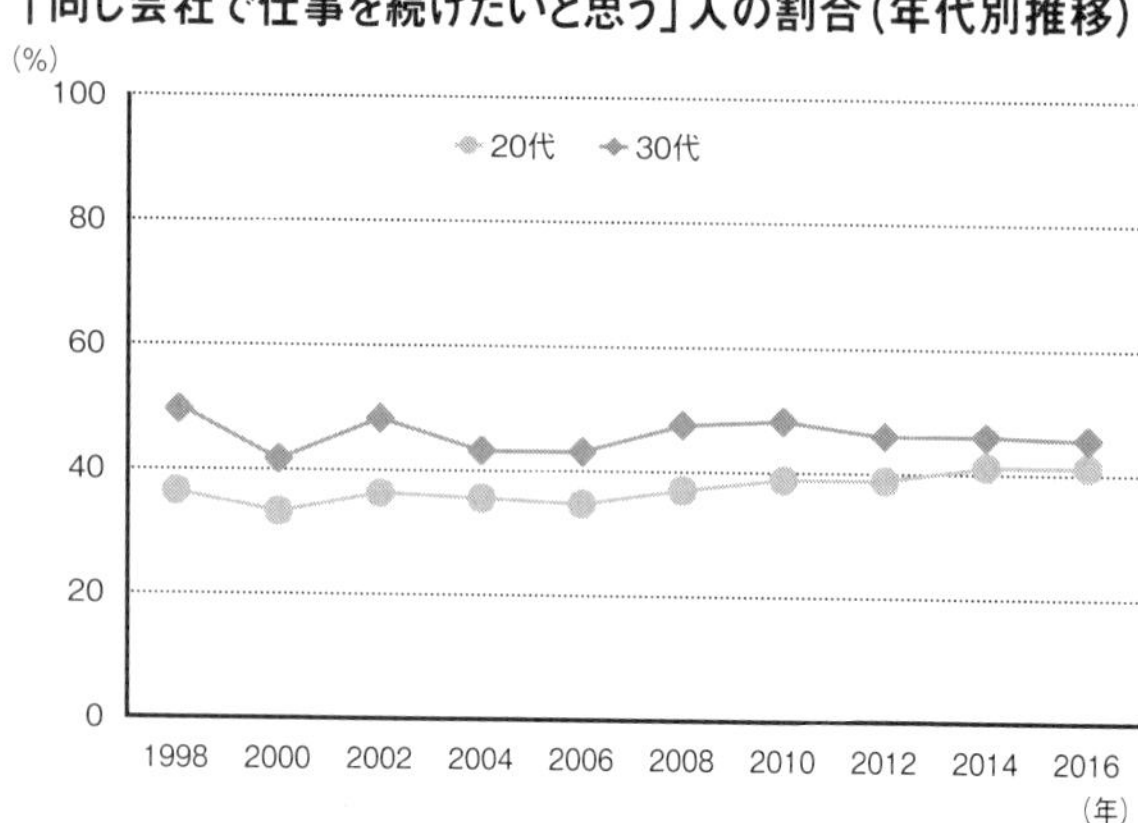

出典：博報堂生活総合研究所「生活定点」調査をもとに作成

　この数年、就職も転職もしやすくなっているので、若者の離職率が高まり、公務員志向が減ってきている、という話を書いた。

　これは一見、安定志向と真逆の傾向のように見えるが、ミレニアル世代は嫌なものは嫌だが、本音では安定したいし、「安定・安心」を求める気持ちは長期的に見ると高まっている。このことを示す端的なデータとして、平成も終わろうとしている今なのに、終身雇用を希望する若者が増えてきていることがある。

　彼らは平成不況という不安定な社会を生きてきたから、「自分にとって都合の良い会社」であれば、本音ではずっとい続けたいという願望を秘めているのだ。

ガンガン働いて、キャリアアップのための転職をして、給料を上げ、消費しまくる――といった願望を持つ若者が減ってきており、安定した生活の中で、チルな生活を送りたい若者が増えているのだ。

あるいは、終身雇用制度がなくなりつつあるから、逆に憧れる気持ちが高まってきているのかもしれない。

こうしたミレニアル世代が昭和的な働き方へ憧れる現象を、私は**「ALWAYS三丁目の夕日ニーズ」**と呼んでいる。平成生まれで昭和のことを知らないくせに、なんとなく昭和の安定感・安心感に惹かれてしまう若者のニーズのことである。

ある番組で長らく共演させていただいたビートたけしさんが、あの作品で描かれている昭和33年ごろの東京の下町はもうめちゃくちゃだった。貧乏で卑しく、嫉妬やしがらみも多く、あの作品で描かれていた綺麗な世界はどこにもなかった――と言っていたが、ミレニアル世代には昭和が美化されて見えているのかもしれない。

昭和に憧れるミレニアル世代に対し、会社の姿勢として彼らに安定感・安心感を与える姿勢を示すことは、前提条件として重要だと言えるだろう。

金銭欲も物欲も低い！

鳥貴族的感覚を重視する若者たち

彼らは、ベースとして既に豊かな生活を送ってきたので、不必要なまでに頑張るという感覚や給料が多ければ何でもするという感覚もない。それよりも居心地やワークライフバランスをかなり重視する傾向が強くなってきている。

だから新人類・バブル世代の上司から**「もっと上を目指そうぜ！」と言われても、その「上」の意味がよくわからない**。何より現状にそこそこ満足しているから、本気で変わろうとは考えないのだ。

内閣府の行った「国民生活に関する世論調査」（２０１４年）で世代別の生活満足度を見ると、満足度が一番高いのは20代で79・１％だ。

実家にパラサイトする比率や年齢も高くなっていて（昔のようになかなか家を出て行

かなくなっている）、さらに祖父母や叔父叔母からの経済援助（シックスポケッツ、エイトポケッツ）を受ける子も多く、給料が安くても全額を小遣いに回せる若者が増えている。

世のサラリーマンのお小遣いの平均は3万円台後半なので、個人消費という観点では、中高年より若者のほうがよほどお金を使えると言えるだろう。

私も日々、大学生たちに奢っているが、東京の実家に住む彼らの一ヶ月のバイト代は5万円～10万円前後なので、なぜ私が奢っているのかわからなくなる時がある。

さらに、長く続くデフレ経済の影響で、巷では「安かろう、そこそこ良かろう」のユニクロ的デフレ商品・サービスがいくらでも手に入る時代になった。

ユニクロで洋服を買って、ジンズで眼鏡を作って、スーツカンパニーでスーツを作って、イオンに行って、ブックオフに行けば、超充実した一日が低コストで送れるようになっている。

あるいは出かけなくても、メルカリで安い買い物がいくらでもできるし、高級ブランド品も安く買えるし、それをまた売ることができる。

ちなみに若者研で学生と飲みに行く時、かつては大人の世界が垣間見られるような高いお店に連れて行かないと満足しない学生が多く、私の財布が痛むばかりだった。だが、最近では派手めな女子大生でさえ、価格の安い「鳥貴族」でもある程度喜んでくれるようになっている（たしかに鳥貴族は安くて美味しいが）。

これがミレニアル世代の経済感覚の実態である。

じわじわ増える貧困学生

ただし、格差の時代なので、かつて以上に経済的に苦しい若者が増えていることも事実だ。

例えば、奨学金をもらう学生の割合がとうとう50％を超えた。

長引く平成不況により、親世代の給与がこの15年くらい低迷したことで、その庇護下にある若者たちが経済的に弱った、というのが主たる原因だ。

様々なメディアで「日本の大学生はもっと海外に行くべきだ」という指摘がされているが、実際には海外留学どころか、大学の授業料を確保することすら難しい家庭が増えたのである。

そうした厳しい状況から一日中バイトに追われて過ごす学生も増えている。

東京地区私立大学教職員組合連合が毎年行っている調査によると、地方から東京の私立大学及び私立短大に出てきている学生の仕送り額（6月以降の月平均）は16年連続で減少していて、ピークだった1994年の12万4900円から2016年は8万5700円まで下がっている。

ちなみに調査を開始した1986年当時の仕送り額平均は10万3000円で、今はそれよりも少ない。当時は好景気の時代だったが、GDPで見れば347兆円で、2016年のGDPは537兆円だから、国としては今のほうがよほど豊かになっているのにである。

また仕送り額がゼロという学生の割合も10％を超えている。

今の学生はみんな小綺麗な服を着て、スマホを持って、それなりのアパートに住んでいるが（昔ながらの激安アパートが減ったこともある）、実は「隠れ苦学生」というケースがある。

上司・先輩世代の皆様は、自分たちが学生だった時よりも今の学生のほうが貧しい可能性があることを十分に認識しておかなくてはならず、若者たちに軽率に「お金を使え！」などと言うことは控えたほうが良いかもしれない。

遅刻、ドタキャンが多く、言い訳もひどい！

「8時らへんに、渋谷らへんで」

「集合時間ぎりぎりに来る」
「5分前集合という常識がわからない」
「ドタキャンをする」

いつの時代も時間にルーズな若者は一定数いるものだ。正直、私も相当時間にルーズな大学生であった。

ミレニアル世代は、全体的にとんでもなく非常識な人は減っている。しかし、デフォルトとして、上の世代以上に時間にルーズな人は増えている可能性がある。

これもスマホやSNSの影響が大きいかもしれない。

今の中高年が若い時は、学生時代に友人と待ち合わせする時は「渋谷のハチ公前に夜8時」と時間も場所も決めることが当たり前だった。

しかし、ミレニアル世代は「8時らへんに、渋谷らへんで」という曖昧なやりとりで待ち合わせの約束を済ませてしまう。曖昧な約束でも、いつでもLINEでお互いの状況を確認し合えるし、待ち合わせ場所が急にコロコロ変わったとしても、スマホでグーグルマップを見れば、ほぼ必ずたどり着けるようになっている。

待ち合わせ時間や場所を事前にしっかり決めるのが苦手なミレニアル世代は、一日の計画を事前にびっしりと決めることも好きではない。

それを表している言葉が、彼らがよく使う「バメン」という言葉だ。漢字で書くと「場面」である。

事前に計画せず、その都度行く場所や、その瞬間にやることを決めるこうした若者の行動を、私は**「バメン行動」**と呼んでいる。

A「今日渋谷行く？」

Ｂ「行く！」

Ａ「渋谷で何する？」

Ｂ「バメンで」

——といった使い方をし、「その時、その場面で思い付いたことをやろう」という意味で、ミレニアル世代の「その時の気分を優先したい」という感覚をよく表している。

「今、渋谷。誰かいる？」とツイッターにつぶやき、それに返信してきた友達と遊ぶ、といったケースもミレニアル世代の間では多いが、これもはなから誰と遊ぶか決めない「バメン行動」と言えるだろう。

ドタキャンをする子も増えてきていると思う。

スマホの普及で「今日、行けなくなった」とＬＩＮＥを一通送れば済むようになっており、以前よりもドタキャンしやすくなったからだ。当然、罪悪感も感じにくくなった。

学生アルバイトや若手社員のシフトを組む上司は、きっと以前より大変な思いをすることになるだろうし、以前の日本人であれば当たり前だった「時間を守りましょう」「計画をきちんと立ててから行動しましょう」「ドタキャンはいけません」ということを、若手社員やバイトに一からしっかり教育していく必要も出てきているかもしれない。

個性が薄く、つかみどころがない！

リアクションが薄いブロック世代

ミレニアル世代が反抗的でなくなったということは、一見、上司や先輩にとっては良いことのように聞こえる。しかしこれは同時に若者が「熱くなくなった」ということも意味している。

かつて多くの若者が持っていた「熱さ」とは、エネルギーのことであり、それがマイナス方向に表れたものが反抗的な態度だったわけである。

エネルギッシュでなく、チルってきているミレニアル世代は、リアクションが薄い人が多い。全身いっぱいで大笑いしたり、怒ったり、泣いたり……かつての若者にあった大げさな喜怒哀楽が減ってきているのだ。

先日もある大学で講演した知人が、数年前に同じ場所で同じ話をした時と比べて、学生のリアクションが薄くなっていた、と嘆いていたが、その実感値はおそらく確かだと思う。

私も毎年新しい学生と接していてリアクションがどんどん薄くなっていっていることを感じる。

ただし、彼らがいつものように薄いリアクションをとっているのか、本当は心を閉ざしているのか、どちらであるかはきちんと見極めないといけない。

講演で「お前らもっと気合い入れて日本を支えていけ！」とあまりに熱過ぎる話をしたり、「俺の時代はな……」などと過去の武勇伝を自慢して実は若者に引かれてしまっていることもあるかもしれない。

ミレニアル世代は露骨に反抗する子は少ないものの、ＬＩＮＥのブロック機能や、ツイッターのミュート機能を使い、気の合わない人は指一本で簡単に遮断できる環境のなか育ってきた人たちである。

彼らの簡単に閉まる心のシャッターはしっかりと見定めないといけない。

こだわりが細かすぎて個性が見えづらい

ミレニアル世代は、**個性もなくなってきている**と言われている。

ファッションもあまり煌びやかでない、飾りっ気のない、シンプルな洋服を着るようになっている。

これにはファストファッションの普及、2014年頃から流行しているノームコア（「究極の普通」という意味で、シンプルな服を組み合わせた最小限のおしゃれのこと）という価値観の広がりの影響が大きい。

彼らはSNSムラ社会を生きているので、自己主張が強いファッションを着て周囲から浮きたくない、という気持ちがある。

逆に、リーゼントにボンタンのヤンキーなど、昔はバッドセンスの若者も多かったが、そうした若者は今では減り、全体的なファッションのレベルの底上げがされ、平均値が上がった――とも言える（要は、ダサいファッションの子が少なくなった）。

ディズニーランドにお揃いの制服やコスチュームを着て友人と遊びに行く（二人だと

「ニコイチ」「双子コーデ」、二人以上だと「おそろコーデ」などと言う）という若者の流行りの行動も、上の世代には没個性に見えるだろう。

彼らは個性を出して悪目立ちするより、周囲と合わせて「みんな仲良く」するほうが居心地が良いし、目立つとしても皆で目立ちたい、という思考になっているのだ。「赤信号、皆で渡れば怖くない」の発想である。

以前、茂木健一郎氏が、今の若者のリクルートスーツはあまりに画一的で個性がない、とツイッターに書いて炎上したことがあった。おそらく茂木さんには本当にそう見えたのだろうが、若者たちはこれに怒ったのである。

なぜ若者たちは怒ったのか。

彼らの意識としては、自分たちは周りとファションを差別化し、個性を発揮していると思っているからである。

では、なぜ今の若者には個性がないという大人と、自分たちには個性があるという若者の間にギャップが生まれるのだろうか。それは今の若者たちのこだわりポイントが、非常にミクロなポイントになっていて、大人たちには「細かすぎて伝わらない」からだ。

ＳＮＳムラ社会を生きている若者たちは、あまりに個性的で周りから浮くことを嫌う。しかし、感度の高い若い世代として、周りとファッションで差別化したい、とも思っており、結果、ミレニアル世代は**「プチ個性」**を大切にするようになっているのだ。

例えば、大人には全く同じおそろいコーデをしているように見える二人の女性でも、「私の肩についているスティッチがあの子と違うわ」と主張するなど、それぞれ相手と違うポイントを持っている場合が多く、そのピンポイントを自分の個性として大切にしているのだ

カップルのペアルックも色違いの時計をペアルックにしていたり（私はこれを**「ピンポイントペアルック」**と呼んでいる）、ただの白いＴシャツに見えて袖にあるトミー・ヒルフィガーの極小ロゴがポイントだったりとか、大変小さなところに彼らのこだわりがあるのだ。

ミレニアル世代と接する上司・先輩の皆様も、この微細な個性を感知し、認めてあげると彼らとの距離が近づくだろう。

「男らしい男」が少ない！

女性物の服を買う男子大学生

男女の関係性が大きく変わったのも、このミレニアル世代の特徴だ。

先日、私と同世代の友人がGUに洋服を買いに行ったら、女性服のコーナーで大学生とおぼしき男子二人が「これ似合うかな？」「いいね！」などときゃっきゃとはしゃぎながら洋服を選んでいたので驚いたと言っていた。

確かに今の若者の実態を知らない人からすると、異様な光景に映るのだろう。

「女子服男子」「レディース男子」「レギンス男子」「ジェンダーレス男子」という言葉もあるが、服を買う時にユニセックスな（男女を気にしない）感覚を持つ若者男子は増えている。

化粧ポーチを持ち歩く「化粧ポーチ男子」も増えているし、拙著には様々な女子力を持つようになった男子を紹介した『女子力男子』というものもある。ちょっと尖った若年男子には、ネイルの手入れをする「ネイル男子」もいる。

街中で観察するとわかるが、最近の若い男性はヒョロ長い細い体型が増えているので、女性ものの洋服を着られる人が増えてきている。そうした体型の男性が女性ものを着ると、シルエットが綺麗に見えるという理由もあるようだ。

化粧水をつける男子も増えているので、思春期なのに綺麗な肌の男子が多く、にきび面の子がほとんどいなくなっている。

日焼け止めをカバンに常備している男子も多いし、汗拭きシートや脂とり紙を持っているので居酒屋やレストランのおしぼりで顔を拭く男子はほぼいなくなっている。

また、ミレニアル世代には、価値観としても従来の「男は男らしく。女は女らしく」というものが揺らいでいる。

男子も家庭科必修の中を育ってきたし、かつて子供の遊びは男女ばらばらであったが(男子はどろけい、女子はゴム段。男子は『少年ジャンプ』、女子は『りぼん』といったように)、ミレニアル世代は小さい時から男女がポケモンで一緒に遊びながら育ってきた。さらに「男女参画」というキーワードの普及とともに生きてきたし、彼らの母親も男女雇用機会均等法初期の世代であり、その上の世代の女性とは感覚的に違う。こうし

新成人で「交際相手がいる人」年次推移

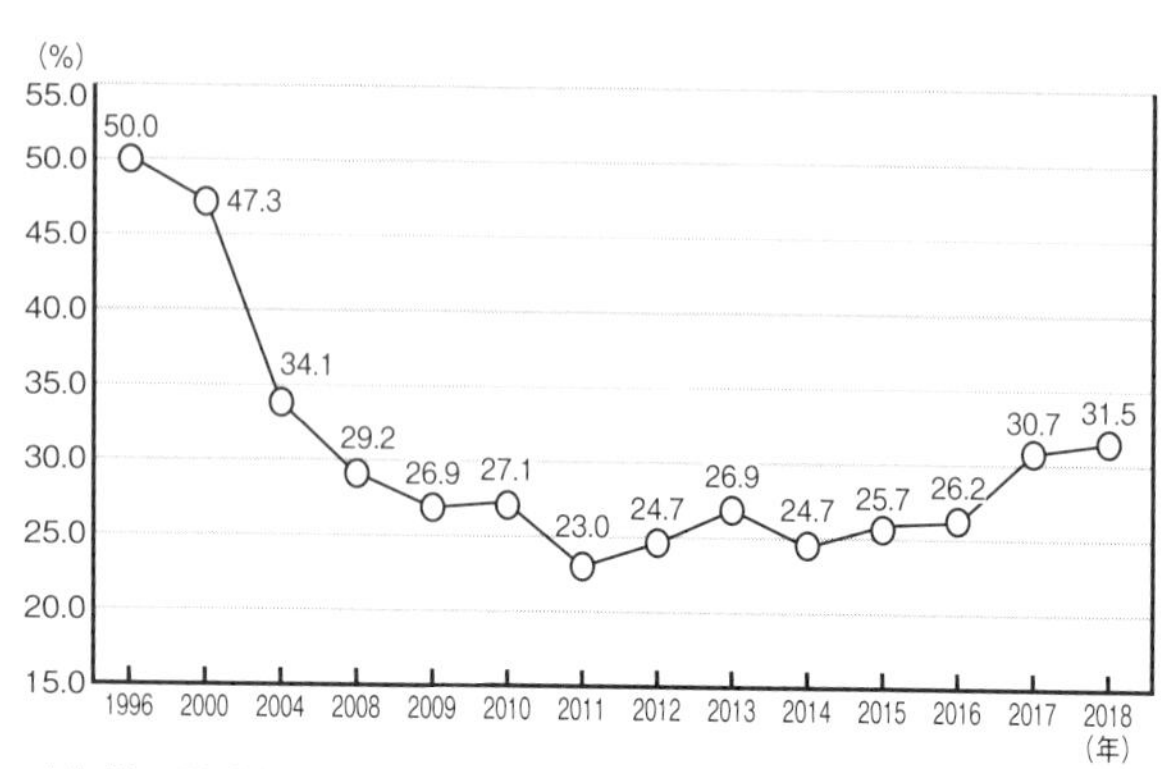

出典：「第23回新成人意識調査2018年新成人の恋愛・結婚意識」（株式会社オーネット）をもとに作成

た様々な理由からミレニアル世代には男女の性差が少ないのである。

それゆえ、職場でミレニアル世代の男子に対し、「男ってそういうもんだよな。わかるだろ？」と旧来の男像を彼らに押し付け、共感を得ようとしてもまったく共感が得られないはずだ。

男女の友情が成り立つ時代に

２００９年に「草食男子」という言葉が新語・流行語大賞のトップ10内に選ばれた。

オーネットによる「新成人意識調査」では、２０１８年の新成人で恋人がいる割合は31・5％で1996年の50％から約20％

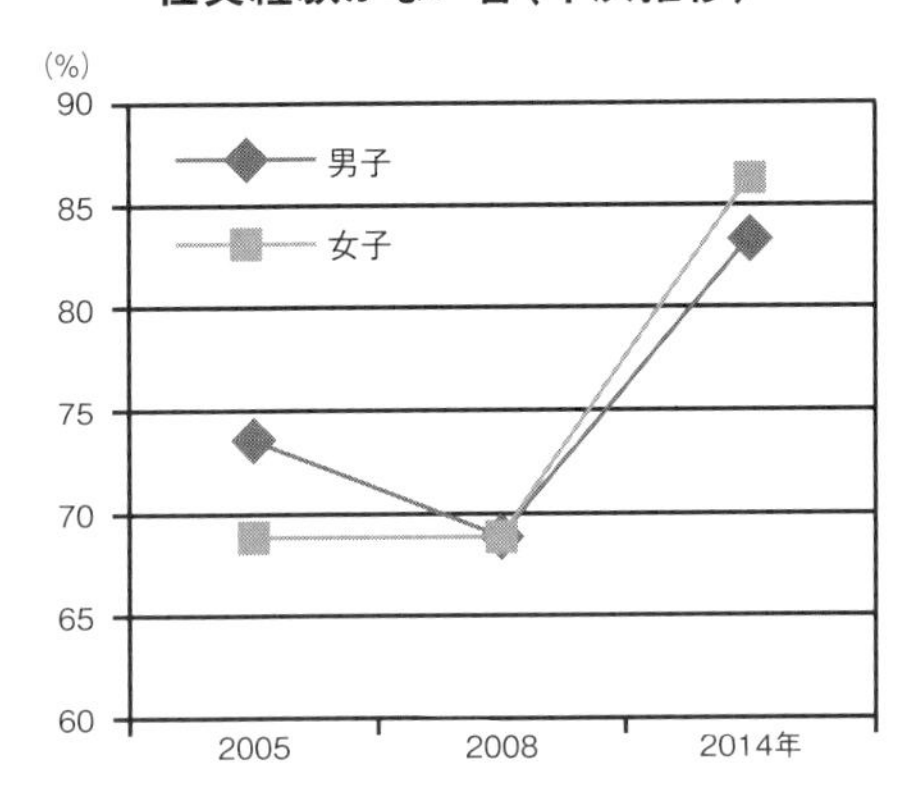

出典：「児童・生徒の性に関する調査」（東京都性教育研究会）をもとに作成

も減った。

ミレニアル世代の間では彼氏・彼女がいるほうが圧倒的少数派になってきているのだ。だから、いまだに熱烈な恋愛を描く傾向が強い「月9」の恋愛ドラマはヒットするのが難しくなってきているし、バレンタインの市場規模をハロウィンが抜く時代になっている。バレンタインはカップルのイベントであり、ハロウィンは性別の関係ないイベントだからである。

先ほども例に挙げた、現在、フジテレビで放送されている（5月時点）「あいのり」という恋愛バラエティの新作がある。以前放送されていた（1999年～2009

年）頃は出演者の男女の間で激しい恋愛が繰り広げられていたが、新作では男女の間でなかなか恋愛が生まれず、痺れを切らした女子のほうが男子に告白したりして、この10年で若者の恋愛観が大きく変わったことがよくわかる。

初体験の平均年齢も上がっている。

東京都性教育研究会の調査（前ページ上段参照）を見ると、性交渉の経験がないと答えた高校生の数が２００８年は男子69・２％、女子69・２％だったのに対し、２０１４年は男子83・１％、女子86・３％という結果が出ている。ちょうど今の大学生にあたる世代で、男子ばかりか、女子の草食化も進んでいる可能性もある。

医学的に証明されているのかどうかは専門ではないのでわからないが、私の実感値としてもミレニアル世代の性欲は全体的に大いに減っているように見える。

逆に考えると、今の若者は完全に「男女の友情」が成り立つようになっているということだ。もちろん、彼らにも恋愛願望がなくなったわけではないが、頑張ってまで恋人は欲しくないし、自分のペースを崩されたくないし、ＳＮＳムラ社会になっているので、恋愛の失敗等が情報として他人に流れてしまうのも嫌がる。

地方出張が多い同世代の知人が、ここ数年、男二人と女一人とか、女二人と男一人といった男女ミックスの組み合わせで旅行をしている若者たちに遭遇するケースが急増していると言っていたが、おそらく本当だろう。

上司や先輩世代にアドバイスをするなら、異性の後輩がフレンドリーな態度をとるからといって、自分が好かれていると早とちりしないことだ。異性を部屋に誘ったらついて来たといっても、必ずしもそれ以上が「ＯＫ」なわけではない。

週刊誌で不倫をスクープされた芸能人や政治家が「泊まりましたが、一線は越えていません」という言い訳をしているが、少なくとも今の若者の間では十分成り立つ話になっている。

男女で割り勘は当たり前

男女の差がなくなっているミレニアル世代は、男女で飲みに行っても割り勘をするのは普通のことになっている。若者研のメンバーでも、みんなでコンビニに行ってお菓子を買うシーンで、男女や学年の別なく1円単位で割り勘するのが普通の光景になった。

私も先日、入社2年目の後輩の女子が飲みに連れて行ってくれとしつこく（笑）言うので、先輩の威厳を見せてやろうと新橋にある少し値段の高い小料理屋に連れて行った。料理も美味しいし、彼女は小料理屋などに行く年齢ではないので、新鮮な体験だと喜んでくれて良かったのだが、お会計の時に彼女がお財布を取り出したのに驚いた。

理由を聞くと、「払う姿勢だけを男性に見せる」という、昔よくあった合コンでのOLのパフォーマンスではなく、割り勘、あるいはせめて何割かは実際に払おうとしていたようだった。

私は40代前半だし、彼女は20代前半で親子のような年の差。私の世代の男性の感覚だと、仮に金欠であっても男性や先輩が全部奢るのが当然だが、ミレニアル世代にそうした感覚は減ってきている。平成不況の間に経費やお小遣いも削られ、上の世代の日本男性が経済的に弱り、若者に奢ってやれなくなってきているということもあるだろう。

上の世代の人間においては「奢ってやるから俺の言うことを聞け」という昭和の先輩・後輩飲みのようなスタンスは通じず、逆に、少し多めに払う程度で良いので（さすがに年の差が大きかったら割り勘はよくない）、上から目線でなく気さくに接するのが、ミレニアル世代との飲み会には求められていることを知るべきかもしれない。

マザコン、ファザコンが多すぎる!

反抗期がない子も増えている

最近の若者は親子の仲が非常に良くなっている。

それも「母親と娘」や「父親と娘」だけではなく、「母親と息子」も、である。

明治安田生活福祉研究所ときんざいが2016年に行った「親子の関係についての意識と実態に関する調査」では、「反抗期と思える時期はなかった」と答えた人(15歳~29歳)の割合が男性で42・6%、女性で35・6%。また、親との外出に抵抗がないと感じる子供の割合は、上の図のように親世代と比べて増加している。「息子と父親」「息子と母親」「娘と母親」「娘と父親」すべてだ。

ひと昔前だと、親と仲良くしていると「マザコン」や「ファザコン」のようなネガティブなレッテルを貼られてしまったものだが、そのレッテル貼りは今や時代錯誤になっ

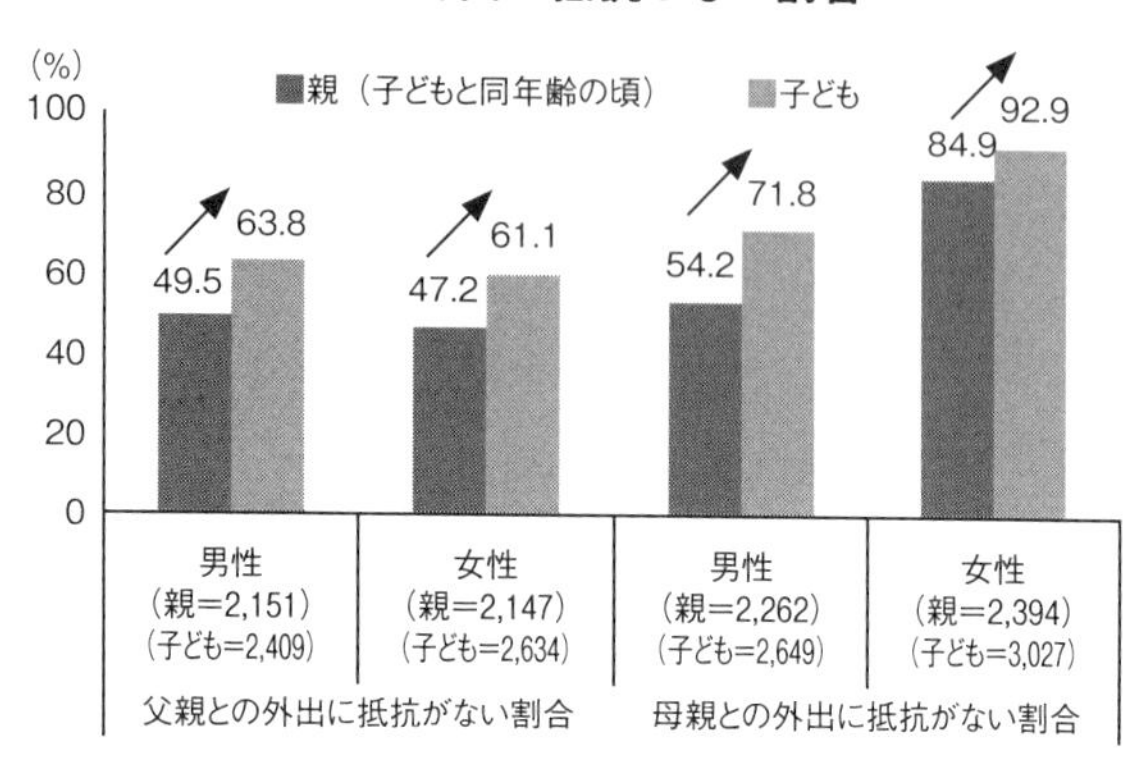

出典：明治安田生活福祉研究所ときんざいが2016年に行った「親子の関係についての意識と実態に関する調査」をもとに作成

た。

おじさま上司が、若手社員男子がお母さんと仲が良いことをイジったとしても「この人、親子仲が悪い、ひどい家庭環境に育って心が荒んでいるのかな？」とかわいそうなものを見る眼差しで見つめられて終わるだけかもしれない。

「え、お前、休日にお母さんと映画に行ったの？　やばくない？」はＮＧ。

「そんな暇あるなら彼女作ってデートでも行けよ」と恋愛至上主義の旧世代の価値観を押し付けるのはもっとＮＧである。

今では女友達の前で自分の母親自慢をする男の子はいくらでもいるし（そのほうが

女子受けもよかったりするらしい）、母親と二人で旅行に行く男の子も珍しくない。

思春期・青年期に親と友達のように接することができるようになったのは、かつての世代より大人になっているという考え方もあるかもしれない。

人付き合いで深入りしてこない！

住所を知らなくても親友が成り立つ

ある学生と話しているときに親友の話になり、話の流れで「その親友ってどこに住んでいるの？」と聞いたところ、「いや、住所まではちょっとわかりません」と言われて驚く……最近こんなケースが増えている。

「だって親友でしょ？　学生同士なら互いの家に遊びに行ったりしないの？」と聞くと「いや、いつも渋谷で遊ぶんで。でも、マジで親友っすよ」と必死で主張する。

上の世代の感覚では、住んでいる場所もわからない友達は親友とは言えなかったのではないか。こうしたことにもＳＮＳの影響がある。

先日、鹿児島出身のある若者と話していると、年末・年始に帰省するのが面倒だと言っていた。地元の友達に会いたくないのかと聞くと「地元に帰っても積もる話がないんです」とのこと。中学生でケータイを手にして以来、その時の友達とその後もずっとつながり続けているので、物理的に場所が離れてもお互いの近況がSNSを通じてわかっており（誰と付き合ってるとかどんな仕事に就いたとか）、結果、久々に会っても互いに積もる話がない、ということらしい。

逆に言えば、その関係性を維持するために若者は毎日スマホとべったり過ごしているのであり、上の世代はこうした実情を知らないとならないだろう。

複数のコミュニティを行き来する

ミレニアル世代は人間関係の数が以前の世代より増えているので、ディズニーランドに行くときはこのグループ、ハロウィンで仮装するならこのグループといった感じで、TPOに応じて友人グループを使い分ける傾向が出てきている。

こうした彼らの人間関係を表すには**「シチュエーションフレンド」**という言葉（造

語）が合うかもしれない。その日合うグループによって洋服のテイストも変える、と言っているカメレオンのような女子も多い。

「今日は塾講メン（バイトで塾講師を行っているメンバー）でディズニーに来た」など、状況やメンバーごとにSNSにアップし、実はコミュニティの多さを間接自慢するという若者も増えている。

大学生の卒業旅行の調査データを見ても、ミレニアル世代の旅行1回の平均予算は縮小傾向にあるものの、卒業旅行に行く回数自体は増加している。

これも高校時代のクラスメート、大学のゼミの仲間、サークルの仲間、バイト仲間など、グループごとに卒業旅行に行くようになっているためで、最近の大学4年生は卒業旅行の旅費確保のためのバイトにかなり追われるようになっている。

上司世代は、社会人になっても暇があれば昔の友達と会ってばかりいるミレニアル世代を見て、学生気分が抜けないという感想を持つかもしれないが、彼らはさばかねばいけない人間関係数が以前より増えているということは理解しないといけないだろう。

すぐにブロックする女

これまで述べたように若者たちの人間関係のコミュニティ数は増えている。

それと同時に、親友の住所を知らなかった男子のように、以前と比べるとあまり深く人と接することをしない傾向がある。人間関係が広がった分、一人一人に割く時間が減っているとも言えるし、深い関係にならないことで極力衝突を避け、自分も相手も傷つかないようにしているとも言える。

そんな深入りや衝突を避けがちなミレニアル世代だが、相手と気まずい関係になったらスパッと関係を断ち切ってしまうことも彼らのよくある特徴だ。

ＬＩＮＥを立ち上げ、相手を選んで「ブロック」を選択すれば、それまでどんな関係性であった相手でも簡単に関係を断ち切れる時代になっているし、だからこそ人間関係の断絶に躊躇しなくなっている若者が増えているのだ。

これは上の世代も注意しなくてはいけない点である。

私にもこんなことがあった。

若者研の会合に1回来てくれたものの、それっきり顔を見せないある大学生の女子がいた。ただ、ツイッター上では、私にやたらと絡んで来るので不思議に思って、「もう若者研には来ないのかな？」とツイッター上で聞いたら、「そのうち行こうと思います」と返事は来るが、3ヶ月ぐらい経ってもいっこうに来ない。

そこで、どうしても気になってしまい、「ちょっとしつこくて悪いんだけど、もう来ないのかな？」とツイッターでダイレクトメールを送った。私としては、来てくれるようになったら嬉しいが、もし彼女が辞めるという決断をしても、それはそれでご縁がなかったということで仕方がないと思っており、それよりも中途半端な状態が嫌だった。

ところが、待てど暮らせどそれに対する返事がない。「もしや？」と思い、その子の名前を検索したら、予想通り、私のツイッターは彼女にブロックされていた。

面倒臭いやつと思われてしまったのだろうが、2、3回聞いただけだし、そもそも所属の意思をしっかりと把握するのは私の仕事なのだが……。ご縁があって出会ったのでどうにもやるせなく、悲しい気持ちになった。私という存在はボタン一つで彼女に消されてしまったのだ。

私のように、ある日、何の前触れもなく存在を「ブロック」されてしまう上司が、世の中で増えないことを願う。

超優秀な若者が多いのも事実

ミレニアル世代には「超格差」が存在する

これまで読み進んできた過程で、「最近の若者はひどいな」と感じた方も多いかもしれない。特に「スーパーゆとり世代」を中心に、そうした感想を持っても致し方ない面がある世代だとも思う。

しかし一応断っておくが、ミレニアル世代の中には、上の世代とは比べ物にならないくらい、超優秀な若者が増えているのも事実である（もちろん、全体の中のごく一部ではあるのだが）。

すでにスポーツの世界ではそれが顕著に表れている。史上最多のメダルを取ったリオオリンピックや平昌オリンピックの中心選手はミレニアル世代だったことは記憶に新しい。

未曾有の二刀流に挑戦している大谷翔平選手もヤンキースの田中将大投手も規格外だし、羽生結弦選手や箱根駅伝の青学の選手たちも凄い能力を持った選手ばかりである。

若者の数は大幅に減っているが、少なくともアスリートの世界においては上の世代よりも断然にレベルが上がっているスポーツのジャンルがたくさんあるのも事実である。

この背景には、むしろ人口が減ったことで、社会や親や親族から教育資金・資源を集中投下されてきた人がいることや、ゆとり教育によって増えた自由時間を有効活用できた人がいたことなどがあるだろう（一般の若者たちはこの自由時間を無駄に使ってしまった面もあると思うが）。

つまり、**ミレニアル世代は、「少子化」と「ゆとり教育」を逆手に取って成長した超優秀な若者と、そうでない一般の若者の「超格差」がある世代**なのである。

これはスポーツの世界だけではなく、一般世界でも言えることだと思う。

スポーツよりも経験の年数やネットワークが必要とされる実業の世界では、まだ羽生選手や大谷選手クラスの超スーパースターの若者たちが日本では出てきていないが、「少子化」と「ゆとり教育」を逆手にとって成長したというロジックで言えば、いずれ実業の世界でもスーパースターが出てきてもおかしくないはずだ。

もちろんそれはごく一部の若者の話ではある。この本では次章以降も、そうした時代が生んだ超一部のエリートや天才について論じるのではなく、できるだけボリュームの多い全体的なミレニアル世代について論じていく。

第3章　好かれる上司、嫌われる上司

ミレニアル世代の特徴と彼らが育った時代背景を理解してもらった上で、若者たちに好かれる・嫌われる上司、先輩像について考えてみたい。

褒めて、おだてて、いい気にさせる

相手の否定は絶対にダメ

自意識が高く、叱られることに対する耐性が低く、成長欲や出世欲も高くなく、いつでも転職できる状況にあるミレニアル世代と、上司はどう付き合っていけばいいのか？

まず、厳しい言い方で否定する・批判する・怒る・ダメ出しする・罵倒する・冷たくあしらう・見下す・意見を無視する……。こうした言動は絶対にNGだ。

以前の私は若者の成長を本気で思ってついつい若者研メンバーたちに厳しくダメ出し発言をすることがあった。しかし今はもうしない。

厳しい発言をバネに若者に成長してほしいというのは大人のエゴかもしれないし、少なくともミレニアル世代には逆効果にしかならないからだ。多くの場合は彼らに「自分とは価値観の合わない人」「話の通じない人」と判断されて終わる。

かつてたった一言の厳しい言葉で若者研を辞められてしまった苦い経験もある。ミレニアル世代には親の心子知らずの傾向が強くなってきているとも言えるだろう。

もちろん言わずもがなだが、いかなる理由があれ、暴力などはもってのほかだ。

2017年には有名な演奏家が指導した中学生をビンタしたニュースや、日馬富士の暴行事件があった。

演奏を止めなかった中学生の方にも非があるとか、礼儀がなっていなかった貴ノ岩にも悪い点があるとか、そうした意見もメディア上では散見された。しかし、あなたの企業が本気で若者を採用して、辞められずにきちんと育てたいのなら、鉄拳制裁などもうこの世に存在しないと思ったほうがいいだろう。

暴行事件が続く相撲界。希望的観測も含めた私の勝手な未来予想に過ぎないが、仮に相撲協会が無策であっても、私はいずれ暴行事件はなくなっていくのではないかと思っている。土俵上の「かわいがり」すらなくなっていくのではないか。

なぜなら、今の若者たちに「愛の鞭」という発想は絶対に通じなくなってきており、そんな業界はさらに超人手不足になるからである。

一方で厳しく指導しないと部下が本気では育たないという意見も多いだろう。

確かに人は厳しい環境に置かれたり、負荷をかけられたりしないと成長しないのは確かだと私も思うが、この超人手不足時代における〝小皇帝〟の若者たちを本気にするのは、上司の「やれ」という厳しい言葉ではなく、彼らの「自発性」だけだ。

よって若者が自発的に自分を厳しい環境に追いやるように、上司や先輩は誘導してあげないといけない時代になったのだ。

否定する時はそれ以上に肯定する

先日、こんなことがあった。

若者研に初めて参加してくれたある女子大生に、彼女が改善すべき点だと私が感じたところをいくつか書いてＬＩＮＥで送った。できるだけ柔らかく、優しく書いた。

ただ、表現が柔らかくても、否定は否定。彼女がもう若者研に来なくなってしまうことが少し心配だったので、メッセージの最後に「でも君なら大丈夫！　君は潜在能力が周りより高いから、これらが改善されたらきっともっと素晴らしくなるよ！」というフォローを付け足した。

すると彼女から「ありがとうございます！ 超頑張ります！ これからもお世話になります！」という前向きな返信がきた。

彼女のことを特別扱いしていることを示し、能力のある君にもっと成長してほしいからこその苦言だとおだて、彼女たちの「自発性」を引き出すことに成功した例である。ただし、どんなにフォローしても否定自体を受け入れられない子も増えているので要注意だ。

ちなみに、フォロー部分は必ずしも本心ではなく、テクニックだと割り切っている面もある。世の先輩・上司の皆様は、こうしたテクニックを磨く必要が出てきている。

2017年ころから、上司が部下に取るべき姿勢としてツイッター上で「おひたし」という言葉が出回るようになっている。

部下が上司にとるべき基本姿勢として知られる「ホウレンソウ（報告・連絡・相談）」に対しての「おひたし」だ。

「怒らないこと」「否定しないこと」「助けること」「指示すること」の頭文字だが、ミレニアル世代に対する時の基本姿勢と言っても良いのではないだろうか。

若者にとってＳＮＳは手頃な武器

ミレニアル世代はＳＮＳという破壊力のある武器になり得るツールを持っている。私はかつて若者研のＬＩＮＥグループ内で身内に向けて発言した言葉をスクリーンショットされ、そのままツイッター上にさらされたことがある。

身内だけの場で話された内容を、個人が特定されない匿名のツイッターアカウント（いわゆる裏アカ）にさらす行為は、どう考えてもルール違反だし、仲間としてただただ悲しいとしか言いようがない。大変残念ながらいまだに犯人はわかっていないが、おそらくあまり活動に参加していない、私と関係性の浅い子の仕業だと予測はしている。

これだけ長い間たくさんの若者と一緒に仕事をしている中で、正直言えば、相性の合う若者と合わない若者がいる。それでも若者研に所属してくれたすべての若者たちを自分の仲間だと思い、少しでも彼らが成長して立派な社会人となれるよう、自分なりにすべての時間と労力を注ぎ込んできたつもりなので、あの出来事には本当に涙が出た。

こうした類の出来事は、今後、皆さんの職場でも頻繁に起こるかもしれない。

豊田真由子元議員による「このハゲー!」騒動や、テレ朝女子社員による財務次官のセクハラリークは、日頃の言動に耐えかねた人が録音という武器で反撃したわけだが、小さいころからケータイを持ってきたミレニアル世代は、録音ばかりかSNSや2ちゃんねるも含め、様々な方法でそれを武器にできる可能性がある。

最近、相次いで露見している企業による不祥事も、ネット掲示板などへの内部告発から始まっているものが増えている。自分の身を守るための武器として使うのなら良いが、そうでないなら企業にとって大きなリスクとなることは頭に入れるべきだ。

褒める時は本気で

ミレニアル世代は普段からSNSで周りから「いいね!」をもらい褒められ慣れているので、職場で表面的に、あるいは過剰に彼らを褒めても、嘘だと見透かされる可能性がある。だから、彼らをけなしてはいけないと言ったが、闇雲に褒めればいいわけでもない。

日本男性の多くは褒めることが苦手だが、恥ずかしさを捨て、頭を働かせてきちんと褒めるべき若者を分析し、上辺でなく本当に良いと思う部分を全力で褒めなくてはならない。

大きなプレゼンをやり切った部下を労うために部下の肩を無言でポンっと叩く。部下は振り返りその上司を見つめ、頷く……。こうした昭和の職場にあった「以心伝心」は、インスタの「いいね！」文化が浸透し、褒められ慣れている今の若者には通じなくなっているということだ。

「注意する時は1対1で、褒める時は全員の前で」はいつの時代も基本だと思うが、けなされ慣れしておらず、褒められ慣れしているミレニアル世代に対しては尚更きちんと実施しないといけない。

叱られたことを原動力に変えさせる方法

ミレニアル世代の「叱られ耐性」が低いことを逆に活用する方法もあるかもしれない。

例えば、自分の部下がお客様に怒られて落ち込んだ様子だったら、優しくアプローチして、

「怒られて嫌な思いしたな。お前に落ち度はないと俺は思うんだけど、ああいう考えの人が世の中にたくさんいるのは事実だし、彼が弊社にとって大事なお客様であるのは確かだ。今回教訓となったことを頭の片隅に入れておけば、今後は同じ失敗は避けられるんじゃないかな」

といったように、「ダメ出し」や「説教」ではなく、あくまで「不快なことを避ける」ためのアドバイスであって、「会社のためではなく君のため」という点を強調してあげると、彼らに受け入れてもらいやすくなる。

ミレニアル世代が最も重視するのは「自分」と「居心地の良さ」だからだ。

昔の価値観を押し付けない

いつの時代もいる「俺が若い頃は」上司は×

いつの時代も、大人に対する不満を若者に聞けば「『俺が若い頃は』からはじまる昔の武勇伝を語る上司が嫌い」という声が必ずあがる。

「俺が若い頃は」に続く話は大抵「○○だった。お前もそうしろ」だ。つまり、自分と若者がまったく同じレール上を走っており、かつ自分は若者より先を走っており、自分の見てきた景色は必ず後からくる若者に役立つ、ということを前提にしている。

もちろんいつの時代も経験値は偉大なものであり、基本的には正しいことが多い。

しかし今の時代は物事が急激に変化するので、必ずしも先人の経験値のすべてが役立つとは言えなくなっているし、一番の問題は、ミレニアル世代に上司世代と同じレールに乗っている感覚がほとんどないことである。

平成生まれのミレニアル世代は、「昭和の価値基準」を根本的にほとんど理解できない。

なぜ自分の仕事が終わってるのに上司の仕事が終わるまで待たねばならないのか？

なぜ先輩に一方的にお酌をしないといけないのか？

なぜ初ボーナスで車を買えとしつこく言われるのか？

なぜ先輩のつまらない話を一方的に聞かないといけないのか？

日本にはまだまだこうした旧態依然とした「なぜ」が蔓延している会社も多い。

もちろん昭和的価値の中には普遍的なものもあるだろう。

でもそれを「俺が若い頃は」という枕詞でラッピングしてしまうと、ミレニアル世代からすれば途端に「自分ごと」でなくなってしまう。

彼らに自分の経験値を伝えたいなら**「俺の時代と大分変わってきているんだけど、こういうところは一緒」**や「俺の時代は～ということが当たり前だったけど、今はいろいろと変わった。でも、○○については同じだと思うんだ」など、**話の前提からすり合わせ**をしていかないと、何を言っても伝わらないだろう。

やたらと夢を語りたがる新人類・バブル世代

若い時に好景気の良い時代を生き、結果、「物事は必ず良くなる」「俺は何でもできる」という万能感とポジティブさを持っているのが、いわゆる「新人類」や「バブル世代」の世代特徴だと言われている。

そして、彼らはミレニアル世代の親世代でもある。

万能感とポジティブさを持つ新人類やバブル世代は、昭和の小うるさいオヤジ像とは違い、非常に若々しく、いまだに若者のようなメンタリティとノリを持っており、この点は部下の若者にとっては基本的には良いことだ。

しかし新人類・バブル世代とミレニアル世代には、なかなか越えられない大きな世代間ギャップも存在する。それは新人類・バブル世代は思春期にインフレ期を過ごし、ミレニアル世代はデフレ期を過ごしているという時代背景の違いである。

この違いを象徴している言葉が、新人類・バブル世代がついついよく使ってしまう「後で」というものだ。

「20代の時の下積みに耐えたら、『後で』お前のやりたいように働けるようになるぞ！」
「若いうちは自分への投資だ！ 無理をしてでも高級レストレンでいいワインを飲め！（そうしたら『後で』その経験が自分に返ってくるぞ）」
「休みがとれたって？ ならとにかく値段が高くても海外へ行け！ いずれ（＝『後で』）その経験が自分に返ってくる」

この「後で論」はインフレ発想（経済成長しているので後で必ず投資に対するリターンが返ってくるという発想）だということに、新人類・バブル世代の方は気づいているだろうか。

インフレ時代とは真逆のデフレ時代に育ったミレニアル世代の発想は真逆だ。

彼らは、国の借金がどんどん増え、社会保障費もどんどん増え、人口は減り、日本人の給料もどんどん減っているのを見てきたので、長期的な将来への不安が大きい。

やや極端に言えば今がピークで、明日はもっと悪くなり、あさってはさらにもっと悪くなるかもしれない――という感覚を持っている。

ミレニアル世代からすると「『後で』絶対お金が返ってくるとおっしゃいますけど、

じゃあ、証明書をいただけませんか?」とつい言いたくなる感覚なのだ。

よって特に新人類・バブル世代の上司・先輩たちは、自分たちの世代が半ば無意識に持ってしまっている「後で論」を忘れ、彼らに沿った考え方で彼らに接しないといけない。

ミレニアル世代に効くのは**「前で論」**だ。「前で論」とは、ある程度明確な見込みや根拠を示して、ミレニアル世代に行動を促すことである。

部下のやる気を引き出したい時に、

「今年は会社の業績が良いから、君のボーナスは去年より大体10万円くらい増えるんじゃないかな。だからこれを見込んで、上がる分くらいは、経験値を上げるためにもこのGWの旅行に使ってもいいと思う」

などといった言い回しをすることである。

大変労力も手間も必要とする説得の仕方ではあるが、ここまでしないと彼らを本気で動かすことは難しくなっている。

団塊ジュニア世代上司の「危機感訴求」は効かない！

新人類・バブル世代とは対照的な価値観を持つ団塊ジュニア世代も、若者を鼓舞しようとして、様々な職場でよく失敗しているようだ。

ちなみに団塊ジュニア世代には、世代論として呼び名がたくさん存在する。「就職氷河期世代」「ロストジェネレーション」「貧乏クジ世代」……ほとんどのニックネームが平成不況のあおりを受けた不幸なものばかりであり、新人類・バブル世代とは大きく異なる。

団塊ジュニア世代は第二次ベビーブーム世代でもあり、人口が多く受験などの競争も大変で（人口はミレニアル世代よりずっと多いのに、大学の数は今よりずっと少なかった）、就職活動の時期にはバブルがはじけ平成不況やデフレが始まり、就職氷河期になったかわいそうな世代である。

「景気」「競争」という観点で、全世代の中で最も厳しい時代を生きてきた世代だと言えるので、楽観的でポジティブな新人類・バブル世代とは全く違い、やや暗くて「努力信仰」が強い。

「少しでもスキルを磨き、努力して資格を取り、ちょっとでもキャリアアップしていかないと、社会人からドロップアウトしてしまう。とにかく頑張らないと」という危機感と上昇志向を強く持っている世代だ。

この世代が若者にアドバイスをする時は、ついつい「厳しい時代だから、努力しないと落ちこぼれるよ」とか「自分に付加価値をつけないと、AIに仕事を奪われるよ」とか「手に職をつけないと会社が潰れた時にやばいよ」といったように、**「さもなくば論」**を多用する傾向がある。

「さもなくば論」とは、「さもなくばヤバいよ」という意味で、人の危機感を煽って半ば脅し、行動させる、言わば「危機感訴求型」の説得方法だ。

もちろん、新人類もバブル世代も団塊ジュニア世代も、良かれと思って若手にアドバイスをしていることは間違いない。

ただ、伝わらない善意は善意ではない。**本当の善意は、伝える努力もされてこそ初めて善意**なのである。特にこれだけ変化が激しい時代は世代による価値観も大きく変わり、なおのこと伝える努力が必要になっている。

これまで書いてきた通り、ミレニアル世代は長期的な不安は感じているものの、当面の就職・転職の不安は、超人手不足の状況により少なくなってきている。また、上の世代が若かった頃よりベースとしての生活レベルは豊かになっているし、就職の心配も少なくなっているので、必要以上の努力をしなくてもなんとかなるという感覚が潜在的にある。

だからこそ「努力だ！」「危機だ！」と「さもなくば論」を熱く説かれてもピンとこないのだ。

ミレニアル世代の人にスキルアップしたいかと聞けば、おそらくほとんどの人が「イエス」と答えるだろうし、それは本音だろう。しかし、それは必要以上の努力をしてまでも得たいものではなく、「無理せずスキルアップしたい」という意味なのだ。

ガツガツしている人が多い団塊ジュニア世代は、こうしたミレニアル世代のチルな姿を見るとイライラしてしまう人も多いだろう。

ミレニアル世代は、得たいものを得られるのであれば、どんなことでもやるかと問われると、おそらく「ノー」と回答する人が多く、ましてやたかが上司から危機感を煽られたから頑張るという若者は減っているという事実を知っておくべきだろう。

指導する時は若者目線に立つ

若者が言うことを聞かないことを受け入れる

では、どうしたらミレニアル世代を動かすことができるか?

彼らの目線に立ち(「横から目線」)、彼らに合ったアドバイスをし、努力することのメリットに彼ら自身で気づいてもらうよう、うまく話を誘導することだ。

マーケティングの世界には、「プッシュ型戦略」と「プル型戦略」というものがある。「プッシュ型戦略」とは、メーカーが流通・小売業者に対し、自社製品を積極的に販売してもらうよう仕向ける戦略だ。具体的には、店員を派遣したりリベートを提供することで、流通・小売業者の販売力を強化したり販売意欲を高めたりすることなどを指す。

一方、「プル型戦略」とは、広告や店頭活動に力を入れ、製品やサービスの魅力を訴えることで、消費者の購買意欲を刺激し、指名買いするように仕向ける戦略のことだ。

メーカー主導なのがプッシュ型戦略で、対照的に、プル型戦略は消費者の自発性に基づく戦略であり、消費者ニーズを確実に捉えアピールすることが重要だ。

このマーケティングのフレームに当てはめ、具体的なメリットを若者に提示し、頑張らせる指導法を「プッシュ型指導」、彼らが自発的に頑張りたいと思うように誘導する指導法を「プル型指導」と言うなら、**ミレニアル世代には、「プル型指導（自発性に基づく指導）」しか効かない。**

危機感訴求が効かない、ということを書いたが、この危機感訴求とは、メリットではなくデメリットを言うという意味で「プッシュ型指導」と言える。団塊ジュニア世代には効いたこの「プッシュ型指導（危機感訴求型指導）」が、就職・転職がしやすくなっているチルなミレニアル世代には効かなくなっているということだ。

「プル型指導」は、これまでトップダウンで「プッシュ型指導」がほとんどだった日本の組織論とはまったく逆の発想である。ミレニアル世代を育成するためには、上司の発想を１８０度変えなくてはいけないし、ひょっとすると、根本的に会社組織や人事制度自体を大きく変えなくてはいけない可能性がある。

２０１６年に雑誌『潮』にて、北海道日本ハムファイターズの栗山監督と若者の育成法をテーマに対談をさせていただく機会があった。

その年の日本ハムは選手の平均年齢がセ・パ全軍合わせて最も若いチームだった。シーズンの折り返し時点で、首位に11ゲーム差もつけられていた状況だったが、それを見事に逆転し、さらに「神ってる」広島を倒して日本一になったばかりであった。

この大逆転劇を起こせた秘訣として、栗山監督は「若い子たちが多かったから」とおっしゃっていた。

どういうことか。シーズン前半で11ゲーム差もつけられてしまったら、経験の多いベテラン選手であれば確率論として優勝を完全に諦めていただろう。しかし選手が若くて経験値が少ない分、逆に11ゲーム差の深刻さがわからず、チームに諦めた暗いムードが漂わなかったため、後半から上昇のきっかけをつかみ、どんどん調子に乗ることができた、ということらしい。

では、栗山監督は、後半、どういう指導でミレニアル世代を調子に乗せたのか？

その話をする前に、読者の皆さんに知っておいてほしいことがある。

栗山監督がミレニアル世代を指導するにあたり、最初にたどり着いた考えが、**「今の若い子は絶対言う事を聞かないという事実を受け入れる」**ことだったそうだ。

前述したように、ロッテの元コーチの川崎さんとまったく同じことを感じていたのは興味深いのではないか。

チームより個人優先で

さて、栗山監督が具体的に何をしたのかというと、「チームのため」という発想を捨て、「個々の選手のため」という発想を持つことにしたそうだ。**「for the team」ではなく「for you」**という目線を監督が持つ、ということである。

ここが本章の最大のポイントだろう。

つまり、個人主義化の進んだミレニアル世代は「チームのために頑張れ」と言われても本気にはならない。あくまでも**「その選手にとってどうか」という目線に立ってアドバイスする**と今の選手は「あ、この監督は自分のことをちゃんと考えてくれている」と実感し、頑張るようになっているのだ。

まずは選手一人一人、彼ら個人にとって良いことを考える。チームの構成や戦略を考えるのはその後。こうした新しいマネジメントの形は、これまでの日本の組織論を大きく覆す可能性を秘めている。

これまでのプロ野球のチームは年度頭に「今年はこういうチームにしていこう」と、まずチームのコンセプトを考えていた。例えば、打って勝つ「打撃のチーム」にするというコンセプトをまず決める。そしてそれを達成するための戦術やプロセスを逆算して考えていく。打撃力のない選手には、打撃を磨く練習を徹底してやらせ、チームの打撃力を底上げする。また、ドラフト会議でも、上位指名には投手や足が速い野手や守備がうまい野手よりも、打撃力のある選手を重点的に指名する。

実際の試合中においても、投手力や守備力がある程度弱いのは最初から織り込み済みとして、多少の失点があっても目をつぶる。そのかわりに、たくさん打ってたくさん点を取ることができる試合展開を目指す——これが今までのプロ野球の組織論の基本であった。

これらはまさに「プッシュ型指導」であり、個々の選手の意志はあまり介在しておらず、あくまでチームのコンセプトに合う人材を起用し、ドラフトやトレードでも採り、コンセプトに合うように育てるというものだった。おそらく多くの日本企業もこの「プッシュ型採用」「プッシュ型指導」をしているところがほとんどだろう。つまり、「自社目線」しか持っていない企業がほとんどなのである。

ところが、対ミレニアル世代については、その逆のマネジメントや組織論が求められるようになってきているのだ。

引き続きプロ野球チームを例に出して説明しよう。

あるチームに足の速い選手があまりおらず、機動力のなさがこのチームの課題だとする。こうした状況下、二軍に俊足の若手がいることがわかった。しかし、チームに足の速い選手が不足していたとしても、彼を無理矢理代走要員として鍛えることはせず、彼が打撃力を向上させることを希望しているのなら、打撃の練習をしっかりさせるということだ。

チームの目指すべき総合点を100点とし、現状、何点の戦力がどれくらいいて、あと100点まで何点足りないのかを把握する。そして、足りない点の上積みを、今いる選手に課す。このトップダウンの発想が、「プッシュ型指導」である。

一方、一人一人の選手と対話をし、現状の彼らの点数をシェアし、彼らに自分のなりたい将来像と今後取りたい点数を考えさせ、そうなるためには今どんな練習をすべきかを自分で考えさせる。

こうして一人一人が立てた目標の点数の合計点が100点を超えるように導く。この積み上げ型の発想が「プル型指導（自発性に基づく指導）」だ。

もちろん組織である以上、一個人の選手の思いのすべてを、そのまま取り入れることは難しいこともあるだろう。しかしそうした状況でも、栗山監督は「チームのためにこうしろ」と「ｆｏｒ ｔｈｅ ｔｅａｍ」の態度で言うのではなく、「君が将来なりたい像に近づくためにはこれをしたほうがいい」と、あくまで「ｆｏｒ ｙｏｕ」の姿勢で言うようにしているそうだ。

栗山監督のように「プル型指導」を行わなくてはいけないこれからの指導者たちは、「プッシュ型指導」のように一方的に指揮・命令するのではなく、選手たちとたくさん対話をし、彼らがなりたい像を見つけられるよう誘導しなくてはならない。

よって以前より格段に、若者を納得させることができるようなコミュニケーション能力、言語能力、プレゼン能力が求められるようになっているようだ。

選手の立場に立って指導する青学・原監督

若者の目線に立って指導している次世代型リーダーは、栗山監督だけではない。

私が青山学院大学陸上競技部の原晋監督と『力を引き出す「ゆとり世代」の伸ばし方』という共著を出した時も、監督は「今の若者にチームのためにという冠は通用しない。いかに選手の目線になれるかが重要だ」ということを言っていた。

「社会人になっても陸上を続けられる選手はほんの一握り。だから、ちゃんとした社会人になれるよう勉強もしっかりしておけよ」とか、「注目されている箱根でいい結果を出せば、就職がかなり有利になるぞ」など、選手の何年か先を絶えずイメージしながら、チーム目線ではなく、選手目線でアドバイスするのが原監督の指導法である。

ちなみにある駅伝名門校では新監督を招聘したが、その監督が選手の自主性を軽視する「プッシュ型指導（危機感訴求型指導）」だったため、主力メンバーやコーチが大量離脱するという事態に陥ったという。青学とは実に対照的である。

ただし原監督の場合も、選手に寄り添うといっても完全に好き勝手にさせるわけではなく、寮生活をさせ、挨拶など超基本的なルールは徹底させる。それ以外の昭和の体育会的な作法、例えば「先輩が着席するまで座らない」といった慣習は無駄だから廃止する、というメリハリのある指導方針をとっている。

若者研も以前はやや体育会系の雰囲気があったが、今は基本的にかなり自由な雰囲気にしている。しかし、遅刻や提出物の遅れなどのビジネスの超基本ルールに関しては厳しく指導するようにしている。

いずれにせよマネジメントする立場からすると、この「プル型指導」は、選手一人一人に将来像を描かせ、そこから逆算して目標を立てさせ、そのためにはどんな練習をすればいいか考えさせ、さらにそうした個々の目標を持つ個人主義の選手たちを、うまく束ねてチームの総合力を上げていかなくてはならない。

以前のトップダウンの「プッシュ型指導」に比べると、大変手間はかかるしハードルも高い。そもそも指導者が「チームのため」という発想を捨て、「選手個人のため」という発想になるには相当なマインドチェンジと勇気がいる。

しかしミレニアル世代の力を引き出し、素晴らしい結果を残している現代の名監督二人が、同じ発想で指導していることは偶然ではないだろう。

繰り返しになるが、ミレニアル世代を動かすためには、「彼らの目線を持ち、彼らの思考動線に沿って上司が考えてあげる」ことが重要だ。

100%彼らの言いなりになる必要はまったくないが、彼らの気持ちやスイッチの入り方をしっかり理解してあげることは大前提だ。

トップダウンの「上から目線」はもう通じない。年や入社年次は上であっても、**「横から目線」**がこれからの上司に必要なスキルとなるだろう。

とにかく手間をかける

忖度社会から説明社会へ

小さい時から親や社会から手間をかけられて育ち、必要以上に頑張るということを嫌がり、縦社会の忖度の感覚がないミレニアル世代に仕事を依頼する時のポイントは、とにかく説明を必要以上に丁寧にしてやることである。

先日、若者研である企画会議があった。

3人の学生を指名してある企画を考えてもらったのだが、事前にLINEで「各自、企画を2、3個用意してきてください」と指示を出していた。

すると、3人中2人が2個の企画を書いてきた。

2、3個と言われたら、多い方の3個を持ってくるのが、昭和・平成の「忖度縦社会」の常識だったと思う。いや、意識の高い学生なら10個持ってきてもおかしくはないはずだ。

もし私が新入社員の時にこんなことをしたら、「お前、よほど自分のアイデアに自信があるんだろうな?」と新人類・バブル世代の先輩たちにかなり威圧され、ちびっていたかもしれない。しかし、**「2、3個と言われたので、指示通りにやっただけ」**というのがミレニアル世代の言い分なのだ。

厳密にいえば彼らの言う通りで、これは2、3個と曖昧な指示を出した私の責任だ。

それ以後、私はとにかく曖昧な指示を出すのを避けるように心がけている。同じような依頼をする時も、今では「3個以上」と明記するようにしている。

これまで部下の「忖度能力」に依存し、私のように部下に曖昧な指示ばかり出してきた上司は要注意だ。

「多めにコピーしておいて」

「会食の手土産、ちょっといいやつにしておいて」

「できるだけ早くデータ集めて」

どれも曖昧な指示だ。日本人はもともと曖昧な表現を使うし、以心伝心を信じているところがある。忖度も文化ではあるけど、個人主義化したミレニアル世代にそれを期待してはいけない。

「一を聞いて十を知る」や「上司の考えを先回りする」ということを期待してはならず、むしろ「十を言っていない上司が悪い」という時代になっているのだ。また、仕事内容についても、「最初から最後まで手取り足取り丁寧に教えてほしい」「『自分の頭で考えろ』という指導方法は嫌だ」という若者も多いことも知っておくべきだろう。

日本ハムの栗山監督も、今の時代の上司に求められているのは「プレゼン能力」だと主張している。

高倉健のように寡黙だが長く付き合うと徐々に深く信頼できるようになっていく上司——これは終身雇用という長い付き合いを前提とした昭和では有効だったかもしれないが、今は良い上司のタイプに分類されなくなっている可能性が高い。

選手や部下の読解力（忖度能力）が求められる時代は終わり、これからは監督や上司のプレゼン力（ある意味、新しい忖度能力）が求められる時代になっているのだ。

よく考えてみると、原監督も栗山監督もテレビのコメンテーターをされるほど雄弁で非常に高いプレゼン能力を持っている。大谷翔平選手も栗山監督に会えて良かったと言っているし、青学の選手も原監督を尊敬している。二人の指導に納得しているのだ。

ミレニアル世代を動かそうとするなら、必ずしもプレイヤーとして売り上げをあげた営業マンではなく、**部下へのプレゼンテーション能力で管理職を選ぶ時代**になっている。

事実、原監督も栗山監督も、ご自身の選手時代の実績より、監督になってからのほうが実績をあげているのだ。

テレビ番組観覧に来なくなった若者たち

私は自分が出るテレビ番組や雑誌の取材の現場に、若者研の学生たちを呼ぶようにしている。

普段の学生生活では見られない世界を垣間見せることで、視野を広げさせるためだ。

8年前などは、来たいと手を挙げる学生があまりに多いので、普段の仕事を頑張った子を選んだり、ローテーションにしたり、学生たちも必死でこの「なかなかできない社会経験」という席を取り合ってくれた。

ところがここ数年、こうした場に来るのを希望する若者たちが減ってきた。

理由は今の若者たちの視野が大変狭くなっていることにあると思う。

もちろん昔から学生の視野は狭いものだ。私だってそうだった。しかし昔はマスコミへの憧れが今より強かったので「テレビの裏側を覗いてみたい」という気持ちを持つ若者が多かったし、「一見無駄に思えるようなことでも、とりあえずやってみよう」というノリが、今よりは残っていた。

しかし、今のミレニアル世代はそもそも何か頑張って自分を成長させなくても就職や転職がうまくいくようになったので、無理して余計な活動はしなくなってきているのだ。自分のペースが大切になっている子が多いので、付き合いで朝まで飲むなんて若者も減っているし、スマホの普及で、自分が知りたいと思ったことはその場で検索して知ることができると思い込んでいるので、情報を得るために手間や労力をかけたくないと思ってもいる。もちろん本当に優良な情報はネット上にはないので、非常にもったいないことだと思う。

とにかく、今の若者は「無駄」が嫌いでノリが悪く、視野が狭くなっているのだ。

私の人間力のなさのせいもあるだろうが、私の主宰する組織に所属していながら、「原田さんが言うなら、行ってみようかな」と思ってくれるほど、情のある子もかつてより少なくなってきている。

学生を何人もテレビ局に連れて行くことはご迷惑になるので、無理矢理にでも彼らを連れて行く必要は本来はない。しかしあまりに自分たちだけの世界に閉じ籠り、世界を広げようとしない「近視眼」で、自分の生活のペースを崩したくない「マイペース」のミレニアル世代が増え過ぎた。だからこそここ数年は、苦汁の決断ではあるのだが、彼らに懇切丁寧にテレビの現場を見に来る意義や価値を説明し〝腰低くお誘いさせていただく〟ようにしている（笑）。

学生の視野では一見「無駄」と思えるようなことにも、本当は無駄でないことがたくさんあるということを、上の世代は「プレゼンテーション力」を磨くことで伝えていかなくてはいけない超しんどい時代になっているのだと思う。

理想の上司はウッチャンと水トアナ

明治安田生命が調査した２０１７年入社を控えた者および社会人を対象に実施した「理想の上司」ランキングは以下の通りだ。

男性部門
1位：内村光良　2位：タモリ　3位：池上彰　4位：原晋
5位：所ジョージ　6位：イチロー　7位：関根勤　8位：中居正広
9位：城島茂　10位：林修

女性部門
1位：水卜麻美　2位：天海祐希　3位：吉田沙保里　4位：石田ゆり子
5位：有働由美子　6位：澤穂希　7位：ローラ　8位：いとうあさこ
9位：真矢ミキ　10位：大江麻理子

先程から挙げている原晋監督も男性部門の4位にランキングされている。

全体傾向としてわかるのは、上から目線ではなく、「横から目線」で、部下の話も聞いてくれそうな優しそうな人が多くランクインしているということだ。

内村光良、タモリ、所ジョージ、関根勤、城島茂、水卜麻美、石田ゆり子、有働由美子、いとうあさこ、大江麻理子あたりはこれに当てはまるだろう。

以前であれば上司に最も必要とされていたスキルは「頼りがい」「たくましさ」だったが、頼りがいがあってたくましい上司は「上から目線」にもつながってくるので、この要素を持った人はあまりランクインしていない。イチローと天海祐希あたりがそれに該当すると思われる。

また、前述したプレゼン能力の高い上司という観点で言うと、池上彰、原晋監督、中居正広、林修あたりが該当するだろう。

いずれにせよ「横から目線」「頼りがい」「プレゼン力」、この三つの能力が、ミレニアル世代の若手社員が上司に求める項目であることがこの調査からわかる。

偏差値よりも自分の言葉を持っている子を採用すべき

個人主義化しているミレニアル世代には「プル型指導」が合う。

先輩や上司が丁寧に指導をしてあげることは大切だが、個人の目標設定については十分な対話をとりつつ、あくまで本人に考えさせることが大切だ。

これらの話は、トップダウン型の組織から脱却し、ボトムアップ型（部下からの意見を吸い上げて全体をまとめていく管理方式）の組織へ変貌を遂げるという、組織変革の話にもつながってくる話だ。

原監督曰く、練習メニューや目標タイムを監督が考え、一方的に指示し、選手がそれらの作られた目標やメニューをそのままこなし、すくすく成長していくのは、もともと素材としてスーパースターが入部する早稲田のような一部の大学だけだそうだ。

料理と一緒で、素材が非常に良質であれば大概は何をしてもある程度美味しくなるわけで、指導者はあまり変則的な調理をせず、王道なレシピを考え、与えればいいだけだ。

しかし大半の選手はスーパースターではない。現状の能力があまり高くない選手であれば、王道のレシピに追いついていけずに終わってしまうこともある。

そもそも監督が考えたメニューをこなすだけでは、監督の想定を超えるほど伸びる選手は絶対に出てこない。いい素材の選手を採用し、王道のメニューを与え、期待通りの成長をさせる——これでは青学のように想像を超えるチームが出てきたら負けてしまう。

その時々の自分のコンディションや能力に合ったオーダーメイドの目標やメニューをしっかり作り、こなすことができれば、画一的なメニューをこなすよりも期待値を超えて成長できる可能性があるのだ。

実際の仕事でも「人に命じられてやらされている仕事」は往々にしてつまらないのに対し、仕事内容によらず、裁量権を与えられ自発的に考えてやる仕事は、姿勢も前向きになりモチベーションも成果も上がるものである。

ある大手企業で長らく人事を担当されていた方に伺った話だが、社員のモチベーションは仕事内容ではなく、裁量の有無で決まる場合が多いそうだ。

原監督は自分で目標を立てられる子を見つけるため、高校生をチームにスカウトする時の基準として**「自分の言葉を持っている子」**を採用することにしているそうだ。すなわち自己分析・自己表現ができる選手、ということだ。

高校時代の走りの実績が多少下回っても、自分の言葉のある子の方を採用する。

もちろん、すべて自分で考えさせても、袋小路に陥ったり主観の強い間違った方向に進んでしまう可能性もあるので、選手同士のミーティングを頻繁に開かせている。

自分の目標を他の選手にプレゼンし、他の選手から質問してもらったり、批判してもらうことで自分の目標を精査し、確固たるものにしていくというプロセスが必要なのだそうだ。

あくまで自発的に作った自分の目標をベースにしながら、仲間からの客観的な「横から目線」の意見を取り入れることで自分の課題に気づかせ、自分の目標を磨きのかかったものにさせていく。

原監督は、走りの能力としては「準一流」の選手を採用し、彼らの才能をこのような手法で開花させ、歴史に残る超強豪チームを作り上げたのだ。

世の中の道理を教えてこなかったのは大人の責任

長く続く平成不況の中で自信を失い、若者に世の中の道理を情熱と責任感（部下のお尻を拭く覚悟）を持ってしっかり教える上司が減っている。そのためミレニアル世代は上の世代に比べると、機会損失してきた面がある。まあ、昔は上司にいろいろなことを教えてもらった反面、パワハラも酷かったので、一長一短ではあったのだが……。

これまで書いてきたように、少子化によってミレニアル世代の希少価値が高まり、彼らは小さい頃からずっと彼らを必要とする大人や社会から媚びられて生きてきた。社会に出るまで親にも先生にもバイト先の店長にも誰にも叱られなかったのに、社会に出ていきなり叱られるのではさすがに酷だ。いや、最近では超人手不足の中、辞められては困るので、社会にでてもずっと叱られさえしないという、さらに残酷な状況になっているのだ。

どうせ叱れないのであれば、むしろ〝今風〟に頭を切り替え、彼らを知り、彼らに合わせ、「横から目線」でアドバイスをしていくしかない。

ミレニアル世代は決して昔の若者より〝バカ〟になっているわけではない。わからないことがあればすぐにスマホで調べながら生きているので、「知識の量」という意味では、上の世代より全体的に賢くなっているかもしれない。

ただし「知識の質(知恵)」という観点になると、今はフェイクニュースも多いし、経験値による分別や常識も関係するので、良識ある大人のほうが強い。

今の大人がミレニアル世代に「知恵」を伝授するために必要なのは、やはり、若者にも受け止めやすい言葉に置き換えたり、若者にもわかりやすいロジックを作るプレゼンテーション能力である。

例えば、クライアントの接待の席で、あまり皆の会話に参加せず、お酌もせず、一人黙々とご飯を食べている新人がいたとする。

マイペースなミレニアル世代なら十分に考えられる行動だ。

黙り込む理由はおそらく二つある。

ミレニアル世代はあまり上下関係のない「横社会」を生きてきたから、というのが一つ目の理由だ。

部活などでも先輩に厳しくされる経験をしてきていない若者が多い。先輩とも親とも、人によっては先生とも友達感覚を持っている人が多いのだ（これは、決して先輩や親を舐めている、ということではない）。

よって会食の場面で先方の空いたビールグラスに気付いたり、注文を取る係をやったり、料理を取り分けたり、会話をつないだりといったおもてなし精神は、昔のゴリゴリの縦社会で生きてきた若者に比べるとおそらくできなくなってきている。

私が大学4年生の時。社会人一年目の先輩にご飯に連れて行っていただいた際に、周囲の人のビールが少しでも減るとまるで機械のように瓶ビールをコップに注ぎ足す彼の姿を見て「社会人の営業マンというのはもの凄い気遣いの世界なのだなあ、自分もそうなれるのかなあ」と憂鬱になったことを覚えている。

もちろんその先輩も学生時代から気遣いができたわけではなく、会社に入ってから厳しい教育を受け、できるようになったのだと思う。しかし、今は上司が厳しく指導しなくなっている。

もう一つ考えられる理由は、「大人の会話に若造の自分ごときが割り込んだら空気を悪くしないか」という、ミレニアル世代にありがちな不安と自信のなさだ。

彼らは自意識過剰になってきている面もあるが、それと同時に若者ゆえの不安と自信のなさも持っている。強引に話に入る勇気もないし、何も知らないバカキャラとして会話に入っていくこともできない。

バカでいられるのは若者の特権だと、おじさん世代はついつい〝猪木のようなこと〟を思ってしまうが、〝小皇帝〟たちはそうは思わないのだ。

だからこそ一つ一つ丁寧に道理を教えないといけない。

「基本的に俺が得意先との会話をリードするけど、万が一俺のネタが尽きて沈黙があったら、場が気まずくなるでしょう？　だから、そんな時のために、クライアントに対する質問を事前に3つ考えておいて。イエスかノーかですぐに答えられちゃうものじゃなくて、人によっていろいろな回答が出て、なるべく時間を引っ張れるものがいい。話題が途切れたタイミングでそれを出してくれたらいいから」

「序列的には一応、一番年下がお酒を注いだり料理を取り分けるのが日本の文化なんだよね。俺もやるつもりだけど、俺は基本的には会話を回すから、しゃべりながら取り分けるって結構大変なんだよね。だから、相槌を必死で打ってもらって、君は基本的には取り分けだけに集中してくれればいいから」

――といったように、彼らに忖度を求めず、とにかく手取り足取り教えてあげることが大切だ。

若者の抱える不安を先に潰す

ミレニアル世代は自意識が高い面がある一方で、先ほどの接待の話のように、少しハードルが高いものに対しては、自分ごときにはできないという自信のなさも持っている。

２０１６年に『18歳選挙世代は日本を変えるか』（ポプラ新書）という本を書いた時に、当時の18歳の若者たちにたくさんインタビューする機会があった。その中で「こんなに政治を知らない自分が投票なんてしていいのか」と考える子が多くて驚いた記憶がある。

18歳は高校で選挙に行くよう指導されるので投票率が高いが、19歳の投票率は低く、様々なメディアでは若者の政治意識の低さが報じられた。しかし、その原因として、「自分が投票して良いものなのか自信がない」と考える自身のない若者が多いという理由を挙げているメディアは皆無であった。大方、遊んでばかりいて、選挙なんかに時間を割きたくない若者像ばかりが描かれていたのである。

上の世代が若者だった頃にもし18歳選挙権が実現していたら、自信満々に投票していた若者が多かっただろうし、「俺の一票で世の中を変えてやる」と意気込む若者もいただろう。

しかし、ミレニアル世代はそこまでガツガツしておらず、ビッグマウスでもなく、チルなタイプが多い。プチプライドはあるものの、自信がないので選挙に行けないのである。こうした彼らの真意を上司世代は理解しておく必要がある。

このようなミレニアル世代の、上の世代から見ると過剰な自信のなさが、「面倒なことを避けたい」とか「リスクを取りたくない」という、彼らの別の特性と組み合わさることで、会議で発言をしないとか、リーダー的な責任のあるポジションを避けるといった、今の若者によく見られる「会社における受け身で消極的な姿勢」として表れているのだ。

だからこそミレニアル社員を奮起させたいのであれば、まず、**彼らの不安を先回りして払拭してあげる、露払いの役割をすることが必要不可欠**である。

「君ならできる！」「君の力が必要なんだ！」と無駄に褒めたり、懇願して乗せようとするのではなく、「何か困ったことがあったらみんなでカバーするから怖がらずにやってみろ」「リーダーは君だけど責任は全部俺だよ」といったように、心理的なセーフティーネットを提示してあげることで、自信のないミレニアル世代が安心して動けるようにサポートすることが大切だ。

若者の行動習慣を受け入れる

LINEこそ生産性の高いコミュニケーションツール

先日、同世代のビジネスマンと飲んでいたら「最近の若手は会社を休む時にLINEで報告してくるんだよ」と愚痴っていて正直驚いた。

同じように感じている中年世代も多いと思うが、私に言わせれば、そんな次元で目くじらを立てているようでは、業績の良い会社が倒産するほどの「超人手不足」の時代に、ミレニアル世代とは付き合っていけないと思う。

そんな表層的なツールの違いに目を向けている暇はなく、本質的な違いを理解し、彼らとの距離を埋める作業が必要なのだ。

こうした悩みを抱えるタイプの上司は、おそらく些細なことでも電話をかけてくる「電話大好きおじさん」なのだろう。

メディアも連絡手段も時代によって変化があるので、当然、どの連絡ツールが馴染みやすいかは世代によって違う。おじさん世代は電話かもしれないが、若者はＬＩＮＥであり、ミレニアル世代からしたら、チャット機能も通話機能もあるＬＩＮＥで連絡したほうが合理的だ、と考えるだろう。

どちらが良いか論争は酒場でやっていただくとして、もし彼らに電話をかけさせたいなら、これまで話してきたように、もっと彼らを納得させる丁寧なプレゼンテーションが必要だ。

彼らは家族全員がケータイを持っているのが当たり前の中で育ち、自宅で電話を取り次いだり、自分から知らない人にかけたりした経験はほとんどない。だからこそ、新人に行う「電話をとったり、取り次いだりする研修」については、従来以上に時間をかけて丁寧にやる必要があるかもしれない。

いずれにせよ、私個人としては、日常の欠席レベルであれば上の世代はもうＬＩＮＥ

くらい受け入れるべき――という考え方になっている。直接話す必要があればすぐにLINEで通話をすればいいのだから。

若者研の活動でもLINEでワードやパワポの資料を送って来るのは日常茶飯事となっている。若者同士の間でも友達の電話番号を知らないことのほうが多いのではないか。そんな彼らに対し「社会人になったから電話しろ」と言っても、まったくピンとこないのではないかと思う。

LINEの利点は、自分のペースで送信と返信ができることである。電話がかかってくると自分のペースが崩れる。それをマイペースなミレニアル社員は嫌うし、他人に同じ思いをさせたくないとも思っているのだ。

最近では中高年のビジネスパーソンでも電話嫌いの人は増えたはずで、電話をかける時もフェイスブックなどのメッセンジャーアプリ等で「○時にコールしていいですか？」とアポを取ることも行われるようになった。

ミレニアル世代はもうメールもあまり打たない。私など、学生にメールを出し、半年後に「今見ました」と返事がきたことが何度もある。

社外とのコミュニケーションでメールを使うのはまだわかるが、これまで社員同士でメールを使っていたのは他に代替手段がなかったからだ。今はＬＩＮＥのようなチャットアプリが出てきたので、メールは「使い勝手の悪いツール」になりつつある。

似たような話で言えば、研修や講演・会議などで、ホワイトボードの内容やパワポのプレゼンテーションをスマホで撮影することに抵抗を持つ世代がいまだに存在するが、今の大学では講義でも写メを許可しているところが多い。

ＬＩＮＥでの連絡にせよ、写メにせよ、若者からすれば当たり前。「業務効率化」そのものでもある。

ツールの進化によって私たちの働き方が確実に変わってきていることを上の世代こそ理解し、この点に関しては間違いなく我々が適応していかないといけない。

SNSリテラシーの世代差を理解する

管理職の悩みで急増しているものといえばＳＮＳ関連の問題だろう。

今回の本の執筆のためにアンケートを集めたのだが、その中で設問として設けた様々な企業の現役上司たちの悩みの中にも、「若い部下が、クライアントとつながっているフェイスブックに友人たちとはしゃいでいる写真をたくさんアップするので、会社のイメージが毀損しないかヒヤヒヤしながら見ている」というものがあった。こうした話は最近よく聞く。

しかし、である。逆にミレニアル世代からすると、中年世代の典型的なフェイスブックへの投稿、例えば「聞いてもないのに世相を斬るおじさん」とか、「ワインと食事とマラソンの投稿ばかりするおじさん」こそ、自社の評価を下げる危なっかしいイタイ投稿だと見ている。

この世代間ギャップは世代によるＳＮＳの「目的」の違いに行き着く。

中高年世代にとってのＳＮＳは、主に「ブランディングの場」だ。

仕事の関係者や過去の友人に対して、自分の知見や人脈、プロフェッショナリズム、財力などをアピールする場であることが多い。若者が嫌う世相に対する持論も、ワインやマラソンの投稿も、中年世代からすると自分のブランディングにつながると思い込んで載せているのだ。

一方で若者にとってのＳＮＳは、「仲良くつながる場」だ。

彼らはＳＮＳムラ社会に生きているから、決して過剰に何かをアピールしない（間接自慢はあるかもしれないが）。しかし、プライベートで友人たちと楽しそうに過ごしている自然体の写真を投稿することはむしろ良いことだと考えている。

一時はインスタグラムに過剰にオシャレな写真を投稿することも若者の間で流行っていたが、「インスタ萎え」という言葉が象徴するように、最近はインスタのストーリーなどに、日常的で自然体の投稿をすることが主流となってきている。

中高年世代はこの違いを理解した上で、自分のイタイ投稿を反省しつつ、ミレニアル世代の部下とＳＮＳ投稿とはどうあるべきかを議論したほうが良いかもしれない。

プライベートな投稿は見て見ぬ振りが基本

フェイスブックの部下の投稿について、おそらく最も無難な対処の仕方は、プライベートな投稿については見て見ぬ振りをすることだと思う。

「いいね！」もいらない。「いいね！」を押すということは、結局、君の投稿を普段からチラチラ監視していますよ、と宣言しているのと同じで、いらぬ無言の重圧をかけてしまうことになるからだ。

もちろん、部下の投稿の内容があまりに過激で、自社のイメージに悪影響を与える可能性があるのであれば、若者の目線に立ってしっかり説明してあげないといけない。

「お前がディズニーランドで変なコスプレして『イェーイ』とかやっているのを投稿したら、得意先は堅い会社だし、得意先の年代によってはこの会社大丈夫か？って思われるかもしれない。そしたら、うちの会社の評価が下がっちゃうかもしれないじゃん？お前の評価も無駄に下がるかもしれないし、誰にとっても何もいいことないよな。お前の投稿を見ていると、マジで友達と仲良さそうで、超うらやましいし、本当はプライベートな話だと思うんだが、固い会社って面倒くさいよな」

などと、至極丁寧に説明すればさすがにわかってくれるだろう。

さらに「多分あの世代のおじさんはインスタやってなさそうだから、そういう写真はインスタだけに上げて、フェイスブックの方は少しトーンダウンさせるのはどうかな？申し訳ないけれど」と妥協案を提示できればベストではないか。

ただ、繰り返しになるが、若者からすれば「この上司、いつもKYな投稿ばかりしてるくせに」と思っているかもしれないので、上司も自分の投稿については自重しながら説得を試みた方がいい。

若者と打ち解けたいならイベントに乗る

もし若者と心の距離を縮めたいなら、大人の文脈に若者を乗せようとするのではなく、大人が若者の文脈に乗ってあげることがいつの時代も重要だ。特にこれだけ変化が激しい時代となり、世代間ギャップが大きくなるとなおさら重要になってくる。

昔の若者であれば「この上司、ゴルフの話ばっかりだな。おじさん臭いな」と最初は思ったとしても、心のどこかで「でも、俺もいずれやるようになるのかな。ゴルフをやらないと接待できなそうだしな」と感じるケースが多くあったはずだ。

これは大人の文脈に若者が乗った状態、あるいは、いずれは乗らないといけないと思っている状態である。

もしくは上司が若手社員を一見さんお断りの料亭に連れて行って、若者が「すごい世界だな」と思うのも、若者が大人の文脈に乗ってワクワクしている状態だ。

しかし今のミレニアル世代の文脈と大人の文脈は、基本的に昔ほど交わらなくなっているると解釈したほうがいい。

良かれと思って新入社員を煮込みが美味しい店に連れて行ったとしても、彼らの味覚はかなり子供舌になってきている。さらに言えば、煮込みのような茶色いものはインスタ映えしないし、彼らはプライベートの時間を大切にするので、あまり歓迎されないかもしれない。これは若者を大人の文脈に乗せてしまった例だ。

それよりも就業時間中にカラフルなドーナツを買ってきて、社員みんなで写真を撮り合う会（フォトジェニックパーティー）をやったほうが喜んでくれるかもしれない（特に女子の場合）。これが若者の文脈に乗る例である。

「インスタ映え」が流行語大賞をとったことは頭でわかっていても、毎日大量の写真を撮る習慣のない上の世代からすれば、インスタの何が楽しいのか理解できていない人も多いだろう。それは小さい頃にファミコンに触れていた団塊ジュニア世代が、ファミコンを知らない親や先生など上の世代に「ゲームは人をダメにする」と一方的に言われてきたことと同じ状況である。

「この上司はいい人だし信頼しているから、この人がすすめる店なら行ってみようかな」と思う若者も中にはいるし、こうした関係性を若者と築くべきだろう。しかし、昔のように一方的に若者に大人の文脈を押し付けて「大人ってすごいだろ」という態度を取っても、ミレニアル世代にはその価値が通じ難くなっていることは理解しないといけない。

〝小皇帝〟のミレニアル世代相手では、彼らの動線に乗ってあげないといけないのだ。

憧れより共感、畏怖より親近感

目指せ、ぐでたま上司

数年前に複数の企業の新入社員を対象に「理想とする上司」のアンケートをとった。様々な意見が出たが、一言でまとめると、今の新入社員が求めている上司は「かわいい上司」だった。前述した「優しい上司」と近い結果だと思うが、要は自分のことを理解してくれる「優しさ」を持っているのと同時に、部下が何だかきゅんとしてしまう「かわいらしさ」を併せ持っている上司が今は若者から求められているようだ。

　今の若者は単に偉い地位にいるからといって、上司を無条件に崇める年功序列的な感覚を根本的に持っていない。一方、仕事ができれば何をしても良いといったガツガツした能力主義的な感覚も少ないチルな若者たちになっているので、仕事ができても人間的に冷たい先輩には憧れない。

　だから、もし若手に残業を頼むなら、「本当にごめん！　急に仕事が入っちゃったからこれ手伝ってくれないかな。俺も一緒にやるから！」という「横から目線」で、対等に近い姿勢で頼んだほうが、「しょうがないな」と思ってもらいやすい。

　本来、上司なのだから「上から目線」が当たり前なのだが、今はこれが通じ難くなってきているということだ。

　今年、ある企業の新入社員が、上司から上から目線で「お前」と言われてすぐに会社を辞めた、という情報がネット上でバズっていた。結局はガセネタだったようだが、今後は本当にありそうな話かもしれない。

ちなみに、アンケートの中の具体的に理想の上司像を書く箇所に「よく鼻血を出す先輩が好き」という珍回答があった。

昔の感覚でいったら、鼻血をよく出す人は正直頼りなくて、「ダメな先輩」と後輩から判断されてしまっていたと思うが、ミレニアル世代にとっては、頼りがいがあっても上から目線の先輩より、頼りがいはないけどかわいい先輩のほうが良い、ということだ。

彼らが「上から目線」とは真逆の「共感」、「対等感」、「親近感」、「お友達感」を上司や先輩に求めていることがよくわかる事例だろう。

他にも「よく恋愛相談をしてくる先輩が好き」などという回答もあった。昭和の感覚で言えば、先輩は後輩の相談を受ける立場であって、まして先輩が後輩に恋愛相談することなどあまりなかったのではないか。しかし今はむしろ、恋愛相談を自分にして来てくれるくらい距離の近い先輩が求められるようになってきているのだ。

上から目線で頼りがいのある役を演じることが多かった石原裕次郎や松田優作が、今の時代にあのままのキャラクターでいたら、おそらくスターにはなっていなかったのではないだろうか。まるでハリウッド映画の大作アクションを見ているような距離の遠さをミレニアル世代から感じられていたかもしれない。

今の上司や先輩たちは無理して頼りがいのある先輩になろうと頑張る必要はない。むしろ自然体で見栄をはらず、正直でいたほうが彼らは接しやすいと思う。

ミレニアル世代は基本的に、**まったり、のんびりした「ぐでたま」のような脱力系のタイプ**が増えている。

彼らに合わせて上司や先輩も「ぐでたま上司」を演じてみるのもいいかもしれない。わざわざ鼻血を出す必要まではないが、後輩に恋愛相談したり、仕事でトラブルを抱えたら「いやー、マジで困ったぁ。どうしようこれ？」と人間臭く悩んでみたり、部下との距離の近さやお友達感を演出し、ミレニアル社員の共感を勝ち取る努力をしたほうがいいかもしれない。

若者と雑談で盛り上がる方法

「若い社員ともっと会話をしたいけど、どういう話題が受けるのかわからない」という相談もよく受ける。

これもやはり、ミレニアル世代の思考の動線に乗ることが重要だ。

今の若者が恋愛離れしているとはいえ、いつの時代の若者にとっても**恋愛ネタは男女ともに鉄板**。相手の恋愛事情を根掘り葉ほり聞くのはセクハラ認定されるおそれがあるが、先ほどの例のように、上司の恋愛相談を部下にするなら問題ないし、距離感も縮まるだろう。

あるいは自分の昔の恋愛の話をしつつ、今の若者の一般的な恋愛について聞くのであれば、若者たちも答えやすいのではないか。

恋愛相談もそうだが、自分の威厳を保つためにはあまりプライベートなことや、自分の失敗談を語るのは良くない、かっこ悪いと考える昭和的発想の上司もいまだに多いかもしれない。しかし今の若者が「憧れ」よりも「共感」、「畏怖」よりも「親近感」を重視するように大きく変わってきているので、現代の上司や先輩は自分の「プライドの壁」を意識的に取り払う勇気が必要になっているのかもしれない。

私もここ数年、学生と話す時には、意図的に自分の子供の話をするようにしている。

今の若者は両親と仲がいい子が多いので「子育ては大変だけど可愛くてたまらない」

とか「将来、どんな子に育つのか楽しみだけどちょっと不安」といった話をすると食いつきが抜群にいいからだ。子供の相談であれば、彼らも子供目線という自分の経験値で話すことができる。

正直、育児で悩んでいるわけでもないし、ことさらにプライベートな話をしたいわけでもない。純粋なテクニックとして、こうしたテーマを自然と選ぶようになってきている自分に最近はたと気づいた。**若者が共感してくれる話題を自分で何パターン用意できるか**ということも、上司に必要なスキルになっているのだろう。

念押ししておくと、共通の話題が見つかったとしても、それを同じ目線で話すことが重要。最後に説教や武勇伝につなげるといった、部下をマウンティングして話を終えるおじさんほど見ていて寒いものはない。ミレニアル世代はお酒もあまり飲まなくなっているので、「男同士は飲めばわかり合える」という幻想も早く捨てたほうがいい。

第4章　企業が取るべき若者対策

ミレニアル世代を採用するために、そして、成長させるために、企業が取るべき姿勢や対策は何か？

これまでミレニアル世代の実態や価値観と、上の世代は彼らとどう接するべきかを書いてきた。

これらを踏まえ、最終章では「実践編」に移っていきたいと思う。

企業や組織は彼らとどう向き合うべきか？

彼らをどう採用し、どう成長させていくべきか？

うまくいっている企業の具体例を交えながら論じていきたい。

柔軟な働き方を実現する

ライフスタイルに応じた働き方を目指そう

政府が力を入れている働き方改革の大きな目的の一つは、人口減少社会において国力を維持するために生産年齢人口を増やすことにある。

そのためには現在就業していない女性や高齢者が働きやすい労働環境を用意する必要がある。政府が長年検討している同一労働同一賃金制度もその一環だろう。

これは正社員と派遣・パート社員の賃金格差をなくす制度であり、9時間勤務の社員と6時間勤務の社員でも業務内容が同じであれば時給に差をつけないという仕組みで、オランダなどではすでに導入されている。

これが実現すれば、大学に通いながら半日働いたり、育児期間中だけ時短にしたり、兼業をしたり、お金を稼ぎたい人はたくさん働いたりと、各自のライフスタイルに応じた柔軟な働き方が可能になる。

多くの日本企業が安定的に成長を続けていた昭和の時代であれば、新卒で企業に入り込めば多くの人が幸せを実感できた。だからこそみんな企業の採用ルールに従っていたし、企業にとっても「新卒一括採用」は非常に効率の良い仕組みであった。

ところが、企業の採用や雇用のルールに従ったとしても、労働者にとっての旨味が減っている今、各自が「自分のライフスタイルに応じて、好きなタイミングで就職活動を始めたい」という強いニーズがすでに顕在化しはじめている。

日本は横並び志向が強い国民性であり、いまだに転職がキャリアアップになった人は35％程度と言われている（つまり、多くの人が転職してキャリアダウンしている）。働き方改革をしてもおそらく諸外国ほど様々な自由度や流動性は高まらないとは思う。

しかし今後は一括採用スキームや9〜17時スキームといった旧来の手法でしか採用していない企業は、ライフスタイルに合わせた柔軟な雇用制度を整えていかないと、人材、特に若者が集まらず、人手不足倒産の憂き目に遭うことになるかもしれない。

柔軟な働き方を可能にする企業の取り組み

働き方に柔軟性を持たせる制度はすでに一部の企業で実践しており、採用面や社員定着、生産性向上など多方面で徐々に効果を発揮してきている。

２０１６年にリクナビネクストの「グッド・アクション」を受賞したオンラインゲーム制作会社のシグナルトークでは、「フリーワーキング制度」と「クリエーターデー制度」を設けている。

前者は２つの選択肢があり「週3〜4日、会社に出社して勤務するスタイル」か、「週3〜5日、在宅で働けるリモートワークのスタイル」かを選べる。

後者は週5日勤務する社員を対象にした「月曜日に休暇が所得できる制度（週休３日

制度）」で、これはリモートワークの社員でも取得が可能である。

この会社では副業も許可しており、社員のライフスタイルに合った形での勤務形態を選べる。ＩＴエンジニアは、基本的に長時間労働が当たり前であるからこそ、こういう制度を取ることで、優秀なのに従来のスキームでは働けない事情を抱えた人材を確保できるようになっているのだ。

週６日勤務を経験してきた世代からすれば、週４日は極端な制度に感じるかもしれないが、それはコンピューターが普及していなかった時代の話。これからは決して突飛な話ではなくなるかもしれないし、そうしないと人が採れない時代がくるかもしれない。

その一方、「日経ＭＪ」２０１８年3月26日の記事によると、〝増えた休日のメリットとして目立つのは「平日に役所や銀行に行きやすい」。一方、買い物や旅行にあてたい人は意外と少なめ。休みが増えても収入が増えないと〟という意見もあり、完全な定番にはまだ時間がかかりそうだ（ディップ株式会社が運営する総合求人情報サイト「はたらこねっと」における「週休３日制についてのアンケート」による）。

また、柔軟な働き方といえば、週５日勤務は従来と変わらないものの、ゾゾタウンが導入した6時間労働も興味深い。

これは、業務をしっかりこなせば、その日は6時間勤務で退社していいという制度だ。9時に出社してみっちり働けば午後3時には退社できることになる（それによって給与が引かれるわけではない）。

ちなみに日本ではゾゾタウンの制度が大変注目を浴びているが、これくらいの労働時間はグローバルスタンダードに近く、今更ながらのこの注目度合いこそ、いかに日本の感覚が世界とズレてしまっているかがわかる。

「幸せ改革」が必要な時代

柔軟な働き方を実現すべきだと主張すると、頭の固い経営者は「そんなものは社員のただの甘えだ」などと解釈をしがちだ。

例えば、フレックス制度にしても「ただ朝寝坊したいだけだろう」と思ってしまうのだ。

確かにそういう社員も中にはいるだろうが、自分は夜型だから遅めに出勤したいという社員のニーズに応えた方が仕事の効率も上がるし、採用時でも若者にとってプラスに感じられるのではないだろうか。

精神論を押しつけてもさらに自社の人手不足が深刻化するだけであり、今は従業員の自由なライフスタイルを応援する企業が支持を得られる時代になっているのだ。

また多くの企業は、従業員にとっての最優先事項が必ずしも出世することや会社を大きくすることではないという時代だと早く気づくべきだ。

「会社の業績は伸びてほしいけど、それ以上に子供と過ごす時間を大事にしたい」という社員もいれば、「会社は最低限の生活費を稼ぐ場であって、あくまでも大事なのは家に帰ってからの自分の時間だ」と考える社員もいる。

個人主義化が進んだミレニアル世代の間では、この考えはさらにごく一般的なものとなっていくだろう。

人生という長いスパンで見た時に、かつてのビジネスパーソンの多くは会社を軸に人生を設計していたが、今の時代、幸せな人生のあり方は人それぞれである。自由な働き方や柔軟な働き方を取り入れるのは、人々の幸せの基準が多様化している時代だからこそ、採用面を考えてもより重要になってくるのだ。

消費財大手のユニリーバ・ジャパンでは、働く場所も時間も社員が自由に選べる人事制度「ＷＡＡ」を２０１６年からスタートさせた。

結果さえ出せば一日30分しか働かない日があってもＯＫという究極に柔軟なシステムだ。

この制度を始めるにあたり先立って掲げたビジョンは「よりいきいきと働き、健康で、それぞれのライフスタイルを継続して楽しみ、豊かな人生を送る」ということであった。

同社が行っているのは単なる「働き方改革」ではなく、「幸せ改革」ということであろうか。

退職者も企業にとっての資産

純血意識の強い日本の企業では、一度その会社を離れて他の会社に転職した退職者に対してネガティブなイメージをいまだに抱きがちだ。

その主な原因は、上の世代ほど会社に対するロイヤリティが強く、すべての発想が

「組織のため」を起点にしがちで、一度退職した人は「裏切り者」扱いされ、戻って来ることが許されないという雰囲気が存在するからにほかならない。

転職エージェントのワークポートが2016年に企業人事に行ったアンケートによると、「退職者の再入社を受け入れるか」と言う問いに対し「ノー」と回答した企業はまだ17％あった。その理由としてあげられたのは「帰属意識がなく退職したので、再び帰属意識を持つと判断できないため」「他の社員が戸惑ってしまいそう」「同じ結果になりそう」「他の社員への影響が悪い」などだ。

高度成長期は組織の繁栄が自分の生活の繁栄に直結した実感が強かったので、個人が組織発想をしても幸せになれた人がたくさんいたが、ミレニアル世代に組織発想はほぼない。

働き方がどんどん自由になり、副業や兼業も許可する企業が増え、一生同じ企業で勤め上げるケース自体も減っていることを考えると、一度退職した人材を再雇用することくらいは当たり前のことにしないと人手不足は改善しないだろう。

そもそも、他の会社を経験した上で「また戻りたい」と思ってくれた人なのだから、客観性のない無条件な忠誠心を持つ社員より会社に忠誠心が強いと言えるかもしれない。真偽の程は定かではないが、結婚でも「バツ1」の方が結婚の現実を理解しており、結婚相手として望ましいという理論とよく似ている。

ちなみにソフトウェア開発会社のサイボウズでは自分の成長のために一度会社を離れる「育自分休暇制度」というユニークな制度を設けている。転職が当たり前の外資系企業では、退職者は「OB」感覚であり、企業がOBのネットワークを活用することを積極的に行っているケースも多い。

高齢者の雇用だけに頼るのは危険

現在、日本の65歳以上の人口は総人口の25％を占め、今や4人に1人が65歳以上という時代だ。彼らは一昔前の〝年寄り〟とは違う。介護なしで元気に生活できる「平均健康寿命」は男性70・42歳、女性73・62歳と伸びており、「体も元気でまだ働きたい」という気持ちを持つ人が多い。

先日、80歳になる私の父が、元商社マンのスキルを活かして区役所かどこかで英語を教える職種に履歴書を出したそうだ。

しかし、履歴書の時点で落ちてしまい大変落ち込んでいた。私としては仕方ないと思う一方で、確かに父は元気でやる気に満ちており、きっとあと数年は活躍できるだろうにもったいないとも思った。

同じ80歳でも健康状態は人によってまったく違うわけで、みんなが60歳で定年になるのもおかしいし、80歳だからと採用されないのももったいない。

高齢者を活用するという意味では、定年制の廃止、もしくは定年退職者の活用も、今後、企業にとっては重要になるのは間違いなく、すでに定年退職者をうまく獲得できている業界・会社と、定年退職者にそっぽを向かれている業界・会社にわかれはじめている。

例えば、モスバーガーなどは積極的に高齢者のバイトの雇用を推進しており、メディアなどにも取り上げられている。

ただし注意しなくていけないのは、今後も高齢者の数は日本で増えていくが、日本は既に人口減少社会に突入しているので、高齢者人口も２０４２年にピークを迎えると言われているということだ（『高齢社会白書』（内閣府ＨＰ）による）。２０４２年時点で65歳以上の人口は３９３５万人に達しその後はゆっくりと減少していく。

２０４２年までは「高齢者に頼る」という方針を持っても良いかもしれないが、その後は高齢者に依存してしまっている業界は、再び人手不足に陥るようになることは注意しないといけない。

若者に自発的に動いてもらうための「権限移譲」

塚田農場が学生バイトに人気なわけ

超人手不足で苦戦する居酒屋業界の中で若者に人気のバイト先がある。

エー・ピーカンパニーが運営する塚田農場だ。

ネイルや茶髪、ロン毛が自由であったり、お客様とのコミュニケーションの取り方もある程度自由。マニュアル一辺倒ではなく、各自の個性をある程度出しても良いことになっている。

最大の特徴は、お客様の平均客単価の一定額がアルバイトなどに裁量権として与えられており、新メニューの開発などに使えるということだろう。

アルバイトだからといって管理される側に置くのではなく、「お客様を喜ばせる」という枠組みの中で、スタッフが自分なりに工夫していけるシステムを導入することで、同店のアルバイトスタッフはイキイキと働くことができ、それが顧客満足にもつながっている。

ミレニアル世代は人口が少ないからこそ、彼らを必要とする社会や上の世代からちやほやされてきた面がある一方で、社会全体としてはマイノリティとして育ってきた。だから、「〝小皇帝〟でありながら、マイノリティ意識を持つ」という複雑なメンタリティを持っている。

だからこそ、彼らに一定の権限を移譲することはモチベーションアップにもつながる上に、「マイノリティである自分たちのことを見てくれる会社」という企業ブランディングにもつながる。

なお「一定の」という点がミソで、あまりに多大な責任を押し付けると今の若者にとってはかえってストレスになり（与えられた期待値が高ければ高いほどイキに感じて頑張る、という感覚が少なくなっている）、離職につながりやすいので注意したい。

今の若者は社長になりたいと考える人も少ないし、合コンやイベントごとで幹事をやりたがる人も少なくなっている。彼らは**「責任はとりたくないが権限は欲しい」**という大変わがままなニーズを持っているのだ。

また同社では最近、学生バイトのために就職セミナーを独自で始めた。

優秀なバイトがいたら自社の社員になってもらいたいと思うのが普通の感覚だと思うが、エー・ピーカンパニーでは親身に就職相談に乗り、実際に企業と若者をつなげるのである。

前述したように、「ｆｏｒ ｔｈｅ ｔｅａｍ」の姿勢はミレニアル世代にはうけず、このような「ｆｏｒ ｙｏｕ」の施策は彼らの心に刺さり忠誠心が高まるのだ。

若者の声を吸い上げる仕組みづくり

ニューザックシステムという中小企業はかつて若手の離職に悩んでいた。その対策として若者の意見を積極的に吸い上げるようにしたところ、状況が改善したそうだ。

ここで大事なことは、単なるポーズで若者の声を聞くと宣言するのではなく、**その声をしっかりシステムに反映できたかどうか**である。

この会社では若者の意見の8割が採用されているという。ここまでくると若者も「自分の声が届く会社だ」と思えるようになり、より積極的にアイデアを考えるようになる。これも一種の若者への権限移譲だろう。

実は若者研でも、学生たちに主体性を感じてもらうため、運営方針について学生から意見をもらい、それをかなり反映させるようにした。まだ試験段階ではあるが、若者の参加率が増え、雰囲気も良くなっていることは事実だ。

ただし完全に大学生に運営を任せてしまうと、彼らは経験値が少ない分、どうしても杜撰な部分が出てきてしまう。「任せる」ことと「任せない」ことのバランスを取ることが重要になる。企業目線で言えば、若手社員の要望と企業の利益追求・哲学、社風などが相反関係にならないよう、両者の要望・メリットの重なりをいかに最大化できるかが大切になってくるだろう。

面白い会社では、従業員からの社内改善の提案に対して一律500円を支給し、採用されたら10万円を支払うところもあるそうだ。

ミレニアル世代は「for the team」の感覚が減ってきているので、こうした制度は彼らに会社意識を身につけさせることにもつながるかもしれない。

失敗を表彰する制度

若者に権限を移譲するときにもう一つ大切なことがある。

彼らの失敗に目くじらを立てないことだ。

すぐにダメ出ししようものなら、リスクを取りたくないミレニアル世代は失敗をおそれて行動に移さなくなるだろう。合コンの幹事すらやりたがらないのに、失敗を叱られることに耐えられるメンタリティが彼らにあるはずがない。

2012年に発売され、あまりの人気で販売開始から3日で販売休止になった「ガリガリ君のコーンポタージュ味」を開発したのは、赤城乳業の入社2、3年目の若手であった。

斬新なアイデアを思いつき、しかも発売まで漕ぎ着けることができたのは、同社に従業員の失敗を奨励する制度があったからにほかならない。

チルでリスクを取らないミレニアル世代に、こうした仕組みを使って「攻める感覚」や「自分で創意工夫する感覚」を身につけさせることは重要である。

三重県にある南部自動車学校は、少子化の影響で1993年をピークに生徒数が減り続けていた。

ところが、教官が叱るどころか生徒をほめちぎる「ほめちぎる教習所」と自称するように方針を転換してから、口コミで評判が県外へも広がり、生徒数はV字回復。卒業検定の合格率も上がり、卒業後の事故率も減少したそうだ。

〝小皇帝〟で自意識の高いミレニアル世代は、間違いなく「叱るよりほめる」でないと動かなくなってきているのだ。

彼らの失敗を許容するとともに、普段からほめることが重要である。そうした意味では、これからは従来の無口なおじさん管理職より、社交上手なおしゃべりおばさま管理職が求められるようになっていくかもしれない。

「社風」をブランディングする

雰囲気を重視する若者

ミレニアル世代は会社に「居心地」の良さを求めるようになってきている。

今の若者は仮に時給が多少低くても、バイトの居心地が良ければそちらを選ぶ人も多い。少しでも高い時給をもらってお金を貯め、車や時計を買っていた今の中高年世代が若い頃とは感覚が大きく変わってきているのだ。

彼らが職場の雰囲気を重視するようになった理由の一つには、「やりたいことがわからない若者が増えた」もしくは「こだわりが薄い若者が増えた」という面があると思う。

昔の若者も必ずしもみんなが明確な目的を持って就職していたわけではなかったが、良くも悪くも「思い込み」がミレニアル世代よりも強かった。

例えば、先述した現在80歳の私の父親は、商社に行きたかったものの落ちてしまい、新卒で証券会社で働いていた。しかし、雑用であっても商社に行きたいという強い思い込みから、働きながら勉強し、商社の中途採用試験を受けて見事転職に成功した。

現在41歳の私も新卒の時、どうしてもテレビ局に入ってドラマを作りたかったが、新卒採用で落ちてしまい、テレビ局と近い業界だと思った広告会社に入った。しかしどうしてもあきらめきれず、中途試験で某テレビ局に合格した。結果的には条件の違いから私の方からお断りさせていただいたものの、現在でもテレビに出るという、テレビとかかわりのある仕事をさせていただいており、幸せを感じている。

父は「商社」、私は「テレビ」という強い憧れと思い込みがあり、どうしてもそこから離れられなかったのだ。しかし、ミレニアル世代の感覚は変わってきており、仕事に対する期待値は総じて低い。「会社の雰囲気」という、業務内容とは直接関係のない価値基準を重視するようになっている。

彼らは消費意欲も減っているし、「人並みに働いて、人並みに幸せな人生を送ることができればいい」と思う人が増えている。業界や会社がある程度安定していて、自分に合う「雰囲気」の良い企業であれば、たとえそこが大企業ではなくても選択する可能性はPR次第では十分にある。

既存の会社でいえばサイバーエージェントが比較的華やかな世界に憧れるタイプの若

者たちに「いいな」と思われる「雰囲気」を持つことに成功している。

社長が社員と一緒になってAKB48の「恋するフォーチュンクッキー」を踊った動画をYouTubeにアップしたり、アベマTVに綺麗な女性社員を出演させたり、社長が「入社1年目でも社長になれます！」と宣言したり――。少し派手めな美男美女が社員に多いこと自体も、会社のブランディングに寄与しているように見える。

そんな華やかな社員たちがブログやSNSで社内の飲み会の様子などを発信すると、さらに「楽しそうな職場」というイメージが学生たちの間で広がる。

同社は扱う商材がネット広告やインターネットテレビ、ゲームのように若者と接点が多いことも追い風になっているのだろうが、現状の若者の要望をしっかり見極めてイメージづくりをしている点は、特に旧態依然とした重厚長大型の企業は参考にした方がいいだろう。

伝統産業のイメージを一新して成功！

富山県の高岡は銅器産業が盛んな土地である。その製造プロセスの一つである銅器の着色を担ってきたモメンタムファクトリー・Ｏｒｉｉという会社がある。

昭和25年創業で、現社長の折井宏司氏は３代目。業界の平均年齢が60歳を超え、後継者不足で廃業する会社も多い中、同社の平均年齢は35歳と比較的若い。社員も毎年増えており、女性も多く活躍している。

採用がうまくいっている秘訣は、現社長が伝統産業（高岡銅器）に対するイメージを刷新したことにある。

大きな転機となったのは、従来の「発注を待つだけの加工業」だけではなく、銅製のテーブルや花瓶など、デザイン性の高い自社プロダクトの製造と販売を始めたことだ。これらが海外の展示会で高い評価を受けるようになり、さらに日本人デザイナーとコラボした自社ブランドを確立したことで、今では美大生などからも多くの応募が来るようになったという。

伝統産業と聞くと、いかに「昔ながらの伝統」を維持できるかに注力しているイメージが強いが、そうではなく「伝統的な技法に裏打ちされた新しいクリエイティブな世界」であることをアピールできたということだろう。

さらに同社では、職人の世界にありがちな「見習い期間の極端に安い賃金体系」を見直し、新人でも生活に困らない程度の給与を与えている。服装も自由にしたり、事務所の内装にも凝り、職場環境も現代的にアップデートした。徹底的に3Kのイメージの払拭をはかっているのだ。

北陸は元来、きちんとした産業もあり、共働きが多いので、経済的にも豊かで地元志向の強い若者が多い土地柄ではある。それでも戦後は大都市部への人口流入が進んでいる。しかし若者にとって魅力的な働き口にすれば、この企業のように若者を獲得できるのだ。

マイルドヤンキー論ともつながるが、特に最近の若者たちは地元好きが増えており、納得できる職場さえあれば、地元を離れたくないと考える子も増えている。チャンスととらえていいだろう。

真っ先に改革すべきはホームページ

中小企業が最も手軽に自社のブランディングを強化したいなら、真っ先に実行すべきはホームページの刷新である。

最近では「オウンドメディア（自社所有の発信媒体）」などという言い方も出てきた。

明治安田生命が行った２０１７年春入社の新入社員に対する調査によると、就活生が企業の採用に応募した数は、２０１１年の37・７社から２０１７年の16・４社へと激減している。その原因としては、超人手不足でたくさん受けなくても受かるようになったことと、応募を出す前に学生たちがインターネットで企業を研究するようになったことがあると思う。

「お堅くて若者の心には決して刺さらないであろうホームページ」が世の企業にあふれている。また、採用専用ページすらない中小企業もたくさんある。

ホームページだけで学生と企業のマッチングができるとは言わないが、少なくとも最初のタッチポイントとして好印象を与えられる可能性は大いにある。その逆もまたしかりだ。

中小企業経営者が「求人広告を出しても応募が来ない」と嘆くのをよく耳にするが、実は応募というアクションを取る前にホームページをチェックされており、若者側から

「辞退」されている可能性があることを知っておくべきだろう。

数年前に某老舗ＩＴ企業の採用ホームページ作成のコンペに参加したことがある。その際、たくさんの若者の声を吸いあげてアイデアを考えていったおかげで色々と発見があった。

一番のポイントの結論だけ言うと、白髪の経営者の写真とともに「グローバル人材求む！」といった熱いメッセージを前面に出すようなホームページは、若者からすれば「古臭い会社」「下積みが長そう」「上下関係が厳しそう」と言ったマイナスイメージが強くなることがわかった。

ミレニアル世代はその企業にずっといるとは限らないという感覚を持っている。

だから、彼らの関心は**先過ぎる将来ではなく、目先の雰囲気**にある。白髪の社長の「熱いメッセージ」を見て「自分もこんな経営者になりたい」と思う子はほぼおらず、むしろ「入社１、２年目の自分と同世代の社員」が楽しそうに毎日過ごしているかどうか――に関心があるのだ。

おしゃれな私服を着た若手社員が明るい会議室で和気あいあいとミーティングをして

いる風景や、美男美女の先輩が笑顔でマンツーマン指導をしてくれている風景、アフターファイブに自分の好きなことに没頭している姿など。多少の誇張をちりばめつつも「なんだか『いい雰囲気』の会社だな」と若者に思ってもらうことが大切になっている。

「経験も権限もない若手社員を知ってもうちの会社を知ったことにはならない」

「会社とは雰囲気より業務内容が大事だろう」

などと思う中高年の方も多いかもしれない。しかし、今の時代は彼らの目線に立ってPRしてあげることが大切なのだ。

ましてや名も無い中小企業の場合、いくら社長のメッセージや業務内容が素晴らしくても、雰囲気の良さが伝わらなくては応募する入口にも立ってもらえないだろう。

また、今の若者の多くはスマホでホームページにアクセスする。スマホ対応のページがないのは致命的になることもお忘れなく。

「楽しい職場ＰＲ」で失敗しがちなこと

「若者ウケしそうな制度を作って彼らにそれをアピールしよう」という努力は大切だが、

中には逆効果になっていないか心配してしまう企業もある。いくつか例を挙げてみる。

〈「さん」付け制度〉

社内で役職による呼称を使わず「さん」で統一するルール。採用ホームページにわざわざ書かれていることもある。

しかし、呼び捨てであっても若手社員に優しい会社もあるし、「さん」付けで呼んでも厳しい会社もあるだろう。今の若者はそのあたりを敏感に見抜く。大切なのは呼び方ではなく、やはり実際の雰囲気である。

〈強制参加の社外イベント〉

社員旅行、運動会、ゴルフコンペ、ＢＢＱなど、社員の親睦を深める社外イベントは様々な企業で行われている。

個人主義化しているミレニアル世代も、上の世代と仲が悪いよりも仲が良い方が良いとは思ってはいる。しかし、仲良くなるために何でもするという若者はもういない。

ミレニアル世代は自分が楽しいと思えるものなら喜んで参加したいと思うが、自分にとって微妙なイベントだと思えば、途端に自分の時間を大事にしたいと感じる。

こうした取り組みが多いことがマイナスプロモーションになることも多いだろう。

若者の「納得感」を高める

ボーナスの配分を全社員の意見を元に決める会社

超売り手市場のミレニアル世代にとって、「自分が正当な評価をされていない」と感じることはりっぱな離職動機になる。

ＩＴ企業のフォルシアという会社は、特別賞与の金額を決めるためにユニークな制度を導入している。

会社全体のボーナスの総額が仮に１０００万円だとすると、自分を除く社員にいくらずつ配分すべきか各自で考えさせ、その結果を集計したものをボーナスとして支給するのだ。

人事評価で公平感を出すために、上司による評価だけではなく、同僚や後輩、場合によってはクライアントによる評価も加味する多面的評価制度を導入している企業はだいぶ増えたと思うが、フォルシアの仕組みは超多面的だ。

社内の人気取り合戦のようになるリスクもありそうだが、発想としては面白い。

若者の心を理解した「産業カウンセラー」の育成を

日本の若者の自殺率は世界2位

若者のうつ病と自殺を未然に防ぐためには、日本の悪しき習慣である長時間労働を是正しないといけないことは間違いない。しかしその上で若手社員に対するメンタルケアも手厚くしていく必要があると思う。

ご存知の方も多いだろうが、日本では現在も若者の自殺が多い。

２０１７年の自殺対策白書では、日本人の自殺率は減少傾向にあるが「若い世代の自殺は深刻な状況にある」としている。

10万人あたりの若者（15～34歳）の自殺死亡率と事故死亡率を比較すると、日本は自殺が17・8人で事故が6・9人で、自殺者の方が2・6倍も多い（2014年データ）。G7加盟国で自殺率が上回っているのは日本の他にはイギリスの約2倍だけで、その他の先進国では事故死亡率の方が高い。

昔から多くの企業で導入されているメンター制度（直属の上司ではなく、損得の関係のないポジションにいる先輩が若手の相談相手になってくれる制度）も、メンタルケアには有効だと思うが、私が危惧しているのはとってつけたような「産業カウンセラー」の存在だ。

「社員が悩みを抱えた時のために産業カウンセラーがサポートします！」という制度だけでは、少なくとも今の若者にとっては不十分な気がしている。本気で若者対策をするなら、若者の実態や気持ちがわかる「若者に詳しいカウンセラー」を育成することが必須だろう。

アメリカでは「ミレニアムコンサルタント」という、ミレニアル世代に精通したコンサルタントがいて、企業から引く手数多だそうだ。日本でもこのような職種や企業が早く登場してほしいと切に願う。まずは私がやるべきだろうか……。

中小企業にお勧めする採用対策

内定辞退防止と離職防止につながる「親活」

数年前にNHKが「オヤカク」というテーマで特集を組んだことをご存知だろうか。「オヤカク」とは「親確認」の略。企業が学生に内定を出す前にその学生の親御さんに電話をして、「内定を出させていただきたいのですが、いかがですか？」と確認をすることである。

企業がこうした「オヤカク」をするようになったのは、一旦内定を出した後に「やっぱり親が反対しているので辞めます」という学生が増えたからに他ならない。

特に中小企業の場合は内定者が自社よりも大きい会社に受かったら引き止めることはなかなか難しい。

一種のプレッシャーとなるよう、内定後に学校推薦を取るような企業もあるようだが、親から「承諾を得る」方が今の若者には効果があるのだろう。

ミレニアル世代は上の世代では信じられないくらい親との距離感が近くなっている。特に母親との関係が近くなっており、「おふくろは社会に一度も出てないんだからわからないだろ！ 俺の人生は俺で決める！」と母親に反抗するような若者は減っている。親と話し合って一緒に就職先を決めるか、あるいは親の言う通りに従う子が増えているのだ。

昨年の若者研でも、複数内定をもらった学生に相談され、私なりのアドバイスをしたものの、「結局母親に言われた通り○○（企業名）にしました」という学生がいた。だったら最初から私に聞くなと言いたくなるが（笑）、逆に言えばここに突破口があるかもしれない。

親の影響力がそれだけ強くなっているのなら「オヤカク」するだけではなく、企業が親に売り込みをかける**「親活」**をするのはどうだろうか。

これをすれば、離職防止の面でもかなり効果はあるだろうし、地方の企業であれば、親としても自分の子供が地元にとどまってくれた方が嬉しいとケースもあるだろう。

地元の高校の保護者会の集まりで声をかけたり、親同伴の会社説明会なりBBQパーティーを開催したり（自社単独で難しければ数社合同で）、入社後に定期的に家庭訪問をするのもありかもしれない。

ここ2、3年で親子同伴入社式も増えている。サッポロビールなども行っているし、広島のお多福ソースのように、入社式で新入社員全員が親への感謝を伝えるスピーチを行う企業もある。

子供と大変仲良くなっている今の親としては、自分の子供の晴れ姿を見届けたいし、どんな会社に入るのかも知りたいと思うようになっている。会社への愛着を親御さんにも持ってもらうのは、「親活」としては非常に有効だ。

私は大学の卒業式ですら親に来られるのが恥ずかしかったが（だから親を呼ばなかったしそもそも自分も行かなかった）、今の若者からすれば、自分の親が社会人としての門出を祝う場を提供してくれる企業は「社員思いのいい会社」という評価になるのである。

「将（若者）を射んと欲すれば先ずその母を射よ」ということだ。

知人や兄弟をリクルートする「リファラル採用」

「リファラル採用」とは元の意味はインターネット用語だが、従業員の口コミによる採用のことだ。

転職が当たり前のアメリカではこの制度が定番化していて、あるポジションに空きが出たら「誰かいい人いない？」と従業員に聞くのが当たり前になっている。日本でもベンチャー企業の経営者などが、フェイスブック上で「いい人を知っていたら紹介して」と知り合いにお願いする光景が目立つようになってきた。

以下、リファラル採用のメリットをいくつか挙げてみよう。

・話が早く、ミスマッチも減る

従業員、もしくは会社の内情を知っている人（取引先企業の人など）からの紹介であれば、ある程度その企業の情報は応募者に伝わっているはずで、企業側としてもその候補者の人となりがわかるというメリットがある。お互い様々な事情を承知の上で興味を持ったのであれば、話は早いし、入社後のミスマッチも減る可能性が高い。

・知り合いと一緒に働ける

社員に後輩や兄弟や友人を紹介してもらい、彼らが入社に至れば、その新入社員は入社早々信頼できるメンターと出会えたような状態となる。もし親友同士で働くことができればモチベーションも上がるだろう。マイルドヤンキーなどにはこれが絶対にうける。昔だと「親友と遊ぶのは楽しいけど、職場で一緒は逆に難しい」といった感覚もあったと思うが、ミレニアル世代にはむしろプラスに働くようになっている。

・採用コストが安く済み、埋もれた人材を発掘できる

中小企業では募集をかけても人材が集まらないため、求人広告を出すことすら諦めるところが出てきている。リファラル採用なら広告に頼る必要もない上に、例えば東京の生活に疲れて故郷に帰って来たばかりの兄弟など、優秀なのにその時たまたま就業意識の薄い〝美味しい〟人材にもリーチすることができる。

リファラル採用はどんな企業でも有効だが、採用戦線で大企業と真っ向勝負をしても厳しい中小企業に特に適している（すでに実践している企業もあると思うが）。

本当に採用難であれば、兄弟や友人だけに限らず、社員の親や祖父母（専業主婦の母や定年退職した父）などをリクルートするのも一つの手かもしれない。

「高卒」を狙い、育てる

飲食業界では特に人材不足が深刻になっている。

しかし、讃岐うどんで有名な丸亀製麺では、高卒者の採用を強化し、成功しているそうだ。年齢的に若い高卒者は大卒者より吸収の早い子も多いため、今後はその比重をさらに増やしていく予定だという。

優秀なのに家の経済的な事情で大学に進学できない若者もいる。希望すれば誰でも大学に入学できる全入時代の今の日本で、「大卒者＝優秀」という図式は成り立たなくなっている可能性がある。もちろん超人手不足につき、高卒採用も年々激化しており、２０１７年７月末時点の有効求人倍率は２・08倍で25年ぶりの高水準をマークしている

（厚生労働省調べ）。それでも大卒者と比べるとまだマシである。

採用過程で大学に進むべきか悩んでいる高校生と出会ったら、夜間や通信制等の大学の授業料を企業側が補助し、テスト期間は「試験有給」を取らせ、大学と社員を両立させる——というのも一つの売りになるかもしれない。

いずれ海外留学ができるから、MBAをとらせてくれるから、と大手企業や官公庁を選ぶ若者もいるのだから、それの高卒版と考えればわかりやすい。

「引きこもり」「フリーター」「ヤンキー」の活用

書類選考も通らないようなアウトサイダーの若者をうまく活用している例もある。ゲームのバグを見つけるサービスを提供しているデジタルハーツという企業では、8000人いる従業員の半数がフリーターや引きこもり経験者である。

まずはアルバイトとして採用し、実績に応じて契約社員、社員とステップアップしていく仕組みだ。入社の条件は身元保証人がいることだけ。職歴はもちろん、学歴も年齢制限もない。

さらに面白いのは育成の仕組みだ。コミュニケーションがうまく取れない若者に負荷をかけないように、最初のうちは少人数のチームを編成。父役、母役、兄役、姉役の先輩たちと一緒に、新人は「末っ子」役として働きはじめる。

ちなみに、フリーターについては興味深いデータがある。

労働政策研究・研修機構が２０１６年に行った調査では、20代後半のフリーター経験者で大卒、もしくは大学院修了者である割合が40・６％に達したという。２００１年の調査では11％だった。逆に２００１年には43％を占めていた高卒者は２０１６年には18・７％へと減少。今や「フリーター＝高学歴」の時代になっているのだ。企業側もフリーターに対するイメージやアプローチを改める時が来たのかもしれない。

ヤンキーの活用としては、「ヤンキーインターンシップ」という取り組みをしているハッシャダイという企業が有名だ。

全国からヤンキーを集めて、６ヶ月間、無料の衣食住を提供しながら様々な研修を実施し、最終的には就職へとつなげる。実際にこのヤンキーインターンシップの卒業生を積極的に採用する企業もある。〝素材〟はどうであれ、きちんと〝調理〟して〝おいしくしている〟会社があるということだ。

WEB面接を許可する

大都市の中小企業ならまだしも、地方の中小企業は就職希望者との地理的距離がネックになることが多い。その企業によほど魅力がない限り超売り手市場の中で若者を面接のために遠方まで呼び寄せることは難しい。

そこでぜひ活用すべきなのは、パソコン、スマホ、タブレットなどを用いたWEB面接だ。これなら就職希望者は場所を選ばず面接を受けることができる。

WEB面接はもともとアメリカの企業などでは当たり前のことだった。最近では国内の転職市場でも増えている。

これだけ採用難になった今の時代、地方の中小企業は転職だけではなく新卒採用でもWEB面接を活用してみてはどうだろうか。

一日だけのインターンシップを複数回行う

ＬＩＮＥと博報堂が共同でインターンシップに関する調査を行ったところ、本書でも有効と思われる発見があったので紹介したい。

現在、インターン制度を設けている企業は全国で3割ほどある。大都市部だけ突出して高いわけではなく、意外にもだいたい、どの県も3割程度だ。

また、**「たった一日だけのインターンが有効」**ということもわかった。

長期インターンシップであれば、仕事内容や会社の雰囲気をある程度わかってもらった上で、「この会社に自分は合う」と思ってもらうことができるので、入社後の早期離職を減らすことができるという良さもある。

しかし、逆に長いインターンの間にその会社に関する様々な情報を得て、「この会社は自分に合わない」と判断されるリスクも高まってしまう。

人気企業であれば長期インターンへの参加者を募集すればたくさん優秀な学生が応募してくれるだろうが、そうでない企業なら、長い時間を拘束される分、応募がこないことも考えられる。

ところがたった一日のインターンであれば、たまたま帰省中にやってみようかなと思ってもらえるかもしれない。一日だけなので深くその企業のことをわかるところまではいかないものの、何となく好印象だけを持った状態で一日を終えることは大いにあり、この状態にさせることが本採用の応募につながりやすくなる。

名前も実績もない中小企業の場合であれば一日限定のインターンシップを「数打ちゃ当たる作戦」で何度も実施するのも有効な手段かもしれない。

中小企業同士で協力しあう

人手不足で悩む中小企業同士が、お互いの採用ノウハウや成功事例などをシェアしあう目的で結集している会合があるそうだ。

大阪の採用支援会社トゥモローゲートが主宰する「関西人事交流会」もその一つで、地元の中小企業の人事担当者の交流の場となっている。

その中で特に面白い仕組みが「裏口入社」と呼んでいるものだ。あるメンバー企業の最終面接まで残ったものの、結果的に不採用になった学生には「パスポート」が付与され、他のメンバー企業の中から受ける企業を選んでいきなり社長面接から行えるという。

中小企業一社では大手企業の前に非力さを感じるかもしれないが、「関西人事交流会」のように地元経済のために各企業や行政が手を取り合って若者にアピールする施策を考えれば、きっと効果的なものがいろいろと出てくるはずだ。

定番化しそうな「奨学金支援制度」

前に触れたが、日本の大学生で奨学金をもらっている人の割合が50％を超えた。経済格差が広がり、経済的に厳しい若者も増えてきている。

就職状況が劇的に良くなり初任給の平均額も毎年じわじわ上がっているとはいえ、奨学金をすぐに完済できるほどには良くなってはいない。

そんな若者への最高のアピールポイントになりうるのが「奨学金の肩代わり」制度だ。

例えばトヨタでは、社会貢献の一環として女性のエンジニア育成のための「トヨタ女性技術者育成基金」という基金をグループ会社9社と共に運営している。

基本的には現役の大学生・大学院生へ奨学金を提供する活動だが、基金参加企業（すなわちトヨタグループ）に入社したら奨学金返済額と同額を毎月受け取ることができる。またトヨタのように奨学金全額を負担するわけではないものの、一部を肩代わりする企業もある。

アパレル企業のサザビーリーグでは、グループ会社の新卒社員に対し奨学金返済の支援金として最大100万円を5年間、均等割で支給している。

マイナビスチューデントが2014年に実施した企業内定者へのアンケートによると、奨学金の平均返済額は288万円（返済期間は15〜20年）。若者にとっては大きな額だが、企業からすれば数百万円のコストは採用増とその企業に定着してくれることを考えればむしろ安いと考えることもできるのではないだろうか。

お金で釣ることに抵抗を覚える経営者もいるだろうが、5割の人が奨学金をもらう時代である。奨学金返済の制度を導入する企業が今後定番になっていくかもしれない。

地方中小企業の採用成功例

人材難の企業は鳥取の小さなＩＴ企業に学べ！

日本の未来の組織論を考える上で鳥取県に参考になる企業がある。ＬＡＳＳＩＣ（ラシック）というＩＴ企業だ。

鳥取にはＩＴ企業がほとんどないし、そもそも地方によってはＩＴ自体が珍しい業態だし、大変珍しい成功事例だと言える。

この会社の業務内容としては、例えば建設会社の次世代技術の研究開発の手伝いであったり、証券会社のフィンテックの構築などだ。

仕事の多くは東京の大企業がお得意先である。東京に多くある競合ＩＴ他社に比べると、地の不利や企業のブランド力の不利がある分、エッジある提案をすることを心がけているそうだ。

私が取材した、現在副社長で創業者の西尾知宏氏は鳥取県出身。東京の大手人材企業で働いていたが、夢であった出身地である鳥取に産業を作ることを実現した。

11年前にこの会社を起業した頃は「人材もいないし、地方にIT企業なんて無理だよ」と周囲から言われたことも多々あった。彼自身、ITの知識やネットワークなどバックボーンがあったわけでもなかった。しかし、ITの市場は急激に伸びていたので、やり方によっては実はリスクが低い業界だと考えたそうだ。

ただ、多くの地方のIT企業は東京の会社の2次受け、3次受けになってしまうことが多く、薄利になってしまうケースが多い。それでは鳥取に質の良いIT人材を呼び込めないし、優秀な鳥取県の学生にも胸を張って「鳥取に残ってくれ」とは言えない。よって、どうしても「1次受け」というポジションを得て、地方でありながらもしっかりと利益を得る必要があった。

そこで西尾氏が考えたのは、コンサルティングファームから優秀な人材をヘッドハンティングし、少数精鋭の彼らを営業部隊として東京に置くことだった。彼らが東京で仕事を獲得し、鳥取にある開発チームにその仕事を振り、大多数の鳥取の社員によって仕事を遂行するという流れだ。

これが功を奏し、11年間、人口減少社会の象徴である鳥取県のIT企業が順調に社員数と売り上げを伸ばし続けている。

もちろん鳥取に拠点を置くことにマイナス面も存在する。

まず、鳥取の人口は少ないし、若年労働人口はさらに少ない。これだけ人手不足のなかＩＴ人材を獲得していくという観点でみると脆弱な面があることは否定できない。また、すべてにおいてテンポの速い東京と鳥取とでは、スピード意識に差が出ることも多く、それによるディスコミュニケーションもしばしば生まれる。そのため両者をつなぐ中間管理職やプロジェクトリーダーに高いスキルが求められる。

鳥取発ＩＴ企業の強み

鳥取にあることの良さももちろんある。最も大きいのは人材の流動性の低さだ。

大都市にあるＩＴ企業だと青く見える芝が隣にたくさんあるが、鳥取にはＩＴ企業がほとんどないので、一度採用してしまうと人が辞めにくい。よって会社側としても腰を据えて人材を育てることができる。

ちなみに社員の平均年齢は32・8歳でかなり若く、鳥取本社の社員の40％はもともと鳥取県出身で、残りの60％がUターン、Jターン、Iターンである。

２０１８年の新入社員は８名。鳥取大学出身が３名（内２名の出身は別の県）、県外の大学生が５名で、最近では鳥取の土地とまったく関係ない他県の人も結構呼び込むことができるようになりつつある。

追い風としてあるのが、地方創生に興味のある意識の高い学生が全国的に増えていることだ。

採用ターゲットをこの意識の高い学生に絞っていることにもユニークネスがある。

最近では地方の国立大学の学生で、破綻しそうな自治体である夕張を何とかしたいなど、社会問題に強い関心を意識の高い持つ学生（つまり、採用ターゲット）が全国的にかなり増えていると西尾氏は実感しているようだ。

日本の中でも少子化や人口減少がかなり進んでいる鳥取は、実は大きなピンチにありながらも、課題先進県という観点で見てみると逆に絶好の立地とも言え、ＬＡＳＳＩＣはそこを逆手にとっているわけだ。

だからリクナビなどの就職サイトの検索で、「地方創生」と入れると上位に出てくるようにSEO対策には特にお金をかけているようだ。

「結果」を出している人だけ採る

徐々に知名度が上がってきているこの会社だが、採用する時に気を付けているポイントがあるそうだ。

まず、採用する学生の大学名は一切気にしないこと。そもそも肩書で選べるほど自社に知名度がないところからスタートしているし、肩書より自分たちの基準を信じているからだ。

その自社基準とは「結果を出している人」を採るというものだ。もちろん学生だし、「結果」と言っても決して大きなものである必要はなく、小さなものでも良い。小さくても何かを確実にやり遂げた人を採り、夢だけ大きくても行動できない人、行動だけしてもビジョンがない人、つまり「口だけの人」「行動だけの人」を落とすという方針だ。

学生のやり遂げた「結果」を知るために、面接では小さい頃からの話をつぶさに聞いていく。何に成功し何に失敗したのか。もちろん嘘に騙されないために矛盾点はしっかり見ていく。同時に情熱の総量も見る。

これまで物事に目標を立てて向き合ってきたか。やってきたことのプロセスや因果関係をきちんと他人に話すことができるか。そしてきちんと結果まで辿り着いたか。

これらの質問にしっかり答えられる人材は伸びる可能性が高いということだ。

こうした採用手法は西尾氏が人材会社出身という点が大きく影響している。

ＩＴという業態であれば正直、東京や上海を拠点にした方が簡単だと西尾氏は言う。のんびりした鳥取という地方で東京や上海のスピードについていく人材を育てることは大変だ。だから、入社5年目までの人材に東京での生活と業務を経験させるための「留学駐在」という制度も作った。この制度によって東京に行って鳥取に戻って来る人材は、実際に大きく成長するケースが多いようだ。

いずれにせよ、この超人手不足の時代に、地方の一ベンチャー企業の秀逸な採用方針・方法・育成方法は多くの企業にとって示唆深いものと言えるだろう。

これからの会社組織・採用について

未来の会社組織はカーリング女子に学べ

この本でもたびたび登場する青学の原晋監督と、平昌オリンピック後にお会いする機会があった。

オリンピックの話題をする中で、原監督は平昌オリンピックのカーリング女子チームが近未来の理想の日本の組織像を示唆している、と言っていたのが印象的だった。

根性論や厳しい雰囲気が残る昭和型組織と違い、カーリング女子はとにかく明るい。また、トップダウンや年功序列だった昭和の縦社会的な感覚もなく、「もぐもぐタイム」や「そだねー」に象徴されるように上下関係も少なく、フラットで皆仲が良い。

こうしたカジュアルな雰囲気は近未来の日本の組織には重要になるだろう。

しかし原監督が関心を持った最大のポイントは「監督が不在なこと」だそうだ。

一応監督はいるものの、試合中もずっと監督が指示を出す他のスポーツとは違う。カーリング女子の場合は試合中の話し合いは選手の間でされ、戦略も選手が決める。

チームの実質的なリーダーのマリリンこと本橋麻里選手も指示をするのではなく、リンクの氷の状況の事前チェックも含め、選手がやりやすくなることだけを考え、完全にサポート役に徹している。

「スポーツとは本来は選手のもの。選手が自分の頭で考え、自分で動くことのみが強いチームの絶対条件であり、選手が自分で考えられるのであれば監督やコーチはサポートに徹していれば良い――そんな未来の組織論をカーリング女子が体現している」

と原監督は熱く語っていた。

さらに原監督は続けた。

「特に女性選手の活躍を本気で望むのであれば、なおさらカーリング女子のような選手主導の組織に変革していかないといけない。一般論として、スポーツの世界では女子アスリートの方が男性監督の指示に依存し、指示待ち体質になってしまう傾向が強い。

だからこそカーリング女子を見習い、自分たちで考え、自分たちで実践できる女性を育てるべきだ。これは企業にもあてはまり、『女性管理職何%』などという上辺の目標を立てるのではなく、まだ地位のない若者や女性にもっと大幅に権限を移すことこそ大切だ」

未来の管理職は指示を出す人ではなく、あくまで最強の裏方であるべきであり、これが今後の日本の企業組織のあり方なのではないか。またこれは、個人主義化が進み、縦社会の感覚が少なくなっているミレニアル世代にも合うかもしれない。

箱根駅伝4連覇を達成した偉大な監督のこの分析と提案は傾聴に値する。

「採用氷河期」は「大谷翔平」を口説いたように口説け！

先日ロスの若者たちにインタビューを行う中で、ある学生から聞いた話を紹介する。

一流大学を卒業した優秀なその学生は、最近ロスのあるＩＴ企業に就職した。その会社に決めた理由を聞くと「口説き方が他の企業と違って素敵だったから」だそうだ。

では、その企業は優秀な学生である彼をどのように口説いたのか？

「あなた（その学生）の話を面接で聞いていたら、あなたは起業家志向が強いことがわかりました。だから、あなたはうちの会社へ入社しても、いつかはきっと起業するでしょう。私たちはむしろあなたのチャレンジを全力で応援したいと思っています。

ただ、あなたが今、いきなり起業するには、経験値もネットワークもまだ足りないと思います。もし数年うちの会社にいてくれたら、うちの会社はあなたが必ず成長できるような経験を積ませます。また、うちの会社にいる間に、アメリカ社会は超コネ社会なので、あなたが独立した後に必要となる様々な人脈を紹介します」

なんと若者目線の秀逸な口説き方なのだろうか。

この口説き方、実は日本にも前例がある。高校を卒業してすぐにメジャーに行こうと思っていた大谷翔平選手を、ドラフトで強行指名し口説き落とした日ハムの栗山監督がこれとまったく同じ話法をとっていたのである。

「君はバッターもピッチャーも両方とも捨ててはいけない。君は二刀流としてメジャーで活躍する器の選手だ。ただ、高校を卒業していきなりメジャーへ行くのでは、二刀流をやらせてもらえるかわからない。日本のプロ野球で二刀流を磨き、きちんと実績を出してからメジャーに行くのが君の未来にとって一番いいルートなんじゃないだろうか。日ハムは君が二刀流としてメジャーで活躍できるように最大限の育成環境を整えるつもりだ」

景気回復と長引く少子化による生産年齢人口の減少で、若者の就職状況がバブル期並に良くなっている今の日本の就職市場において、企業はこうした口説き方を学生たちにしていかなくてはいけなくなっているのかもしれない。

おわりに

戦後、人口増加を追い風に、世界に「奇跡」と言わしめたほどの経済成長を成し遂げた昭和の日本。戦争もあり、敗戦もあり、貧困もあり、高度成長期もあり、バブルもあり、とにかくドラマチックでエネルギッシュな時代だった。

その昭和から一転し、様々な無駄は減ったものの（例えば、社内の無駄な足の引っ張り合い、無駄な飲み会など）、長らく不況とデフレ経済に苦しんだ平成。朝日新聞社の調査によると、「平成とはどんな時代だったか？」という問いに対し、「動揺した時代」と答えた人が42％で最多だったようだ。

動揺した平成が終わろうとしている現在。我々は次の元号をどのような時代にし、どのように生きていけば良いのだろうか？

これを考えるうえで、一つ大切な指標となるのは、「人口」だ。

今、日本は「人口減少社会」「労働人口減少社会」に突入し、次の元号ではさらにこの問題が深刻な一大テーマになっていくだろう。

欧米のように移民を増やし、ある程度の治安の悪化や文化の衝突を受け入れながら、人口を維持するのか？ あるいは少子化対策として人口を今より増やしていくのか？（ただし、現状の少子化対策だけでは人口減少をなかなか止められない。また、現時点で日本政府は移民政策にかなり消極的である）

または人口減少や労働人口減少を受け入れ、様々な市町村や企業が消滅していくのも受け入れて残った自治体や企業だけで頑張っていくのか？（ただし、高齢者の割合は今よりもっと増えるので、生き残った企業は今よりたくさんの付加価値を出していかないといけなくなる。もちろん、今より女性も高齢者も働くようになっているかもしれないが、それだけではスピードの速い人口減少を賄い切れない。また、ＡＩの普及でかなりの労働力が賄えるようになっている可能性はあるが、現時点でその程度を予測するのは

かなり危険だ）

日本はこの二つの選択肢のどちらかを選ばなくてはいけないのだが、日本人も日本政府も日本企業もどちらも選び切れぬまま平成の30年間が、今、過ぎようとしている。

私個人としては、未来のシナリオを完全に予測・的中させることはできないので、あらゆるケースを想定し、最悪のシナリオと最高のシナリオの幅を設定し、その間におそらく現実社会がくるだろう――という読みをするべきだと思っている。

しかしどのシナリオを描くにせよ、やはりベースとして最も重要になってくるのは、言わずもがな「ミレニアル世代を付加価値の高い人材に育てていく」ことだ。

この前提があった上での移民の増加であり、働く女性や高齢者の増加である。

ミレニアル世代が付加価値の高い人材になることができれば、単純労働を奪うといわれるＡＩの普及とも利益相反とならない。だから、次の元号へ移る今こそ、国を挙げて、会社を挙げて、若年人材への投資をしていかなくてはならなくなっているのは今まで述べてきた通りだ。

付加価値の高い人材を採用でき、育成できた企業や自治体は消滅せずに必ず成長し、そうでない企業と大きな格差が生まれるだろう。「人材格差」がそのまま「人口格差」や「人手不足格差」、そして「労働付加価値格差」とつながっていくはずだ。

OECD（経済協力開発機構）の2014年の調査によると、小学校から大学までの教育機関への公的支出（対GDP比）が、日本は比較可能な34カ国中で最低あり、トップのデンマークの半分程度しかない教育貧困国であることがわかっている。

もちろん小国であるデンマークなどの北欧各国とすべてを同じに捉えるべきではないし、日本の場合は私費負担が大きい国（ここは改めるべきだが）なので、純粋に比べられない点はある。

しかし、超小国の北欧諸国が人材への投資で豊かに成長してきたように、超少子化の日本も人手不足の企業も自治体も、そろそろ昭和的価値観から脱し、人材への積極投資をしていかないといけなくなってきている。

戦後の日本や日本企業は（戦前はもっとひどかったかもしれないが）、これまで若者たちを無視してきたと思う。金の卵と若者をおだてた時期もあったが、その時期は若者の人口が多く、いつでも代替可能だったし、基本的には年功序列の中高年中心の国だった。

また、昭和の時代はかなり経済成長していたので、多くの企業は成長しており、その恩恵・利益を得るために若者たちの方から企業へ歩み寄ってきた。だから企業は自社の社風に合う歯車（＝若者）を選べば良かった。

平成も様々な企業が不景気やデフレに苦しんだが、日本企業全体が採用を絞り、非正規雇用を増やしたので、労働条件は悪くともやはり若者たちのほうから企業に歩み寄ってきた。

しかしこれまで述べてきたように、昭和、平成で通じていた「うちのやり方は昔からこれだからお前らがうちの会社に染まれ。嫌なら去れ」という企業のやり方は、今、そして次の元号ではまったく通じなくなる。それだけ数少ない労働者としての若者の価値は高騰してしまっており、次の元号でもそれがもっと高騰していく可能性があるからだ。

とはいえ、企業が一方的に若者に媚びればいいわけでもない。

若者にただただ都合のいいシステムを作り、若者が居心地の良い企業にするだけでは、目先の人手不足解消には多少は役立つだろうが、結果、若者を劣化させ、そして何より自社や自社の製品やサービスを劣化させていくことにもつながっていく。

重要なのは企業と若者の最高のマッチングポイントをうまく創ることである。

まず、今までずっと軽視してきた、労働者である若者に対する研究を政府も企業も自治体も積極的に行うべきだ。彼らをきちんと理解した上で、自社にとって良い施策と若者にとって良い施策のベン図の重なりを見つけ出し、その面積を最大化し、制度やシステムに落としていく。そして、若者がイキイキとそのシステムに溶け込んで成長していけるよう、研修やＯＪＴなど、積極的に人材投資をしていく。

つまり、これまでの多くの日本企業がそうだったように、守りの人事は必要でなくなり、研究する人事、投資する人事、攻める人事が必要とされるようになるということだ。

繰り返しになるが、「若者と企業」の将来ビジョンをうまくすり合わせ、その最高のマッチングポイント、悪く言えば最高の妥協点を本気で創っていかないと、日本や企業や自治体が本当に消滅してしまう段階にきているのだ。

まだまだ話し切れていないこともたくさんあるが、本書で紹介したミレニアル世代の価値観やニーズのエッセンスを汲み取っていただきながら、自社の企業哲学や将来ビジョン、事業モデルとそれを掛け算して、御社なりの新しい正解を模索していただけることを願っている。

大変微力ではあるが、私もこの「未曾有の人手不足時代」を、付加価値の高い「若者」の力で乗り切る方法の確立に尽力していきたいと思っている。志を同じくする方は是非ご連絡いただきたい。

原田　曜平

カバーデザイン　小口翔平＋岩永香穂（tobufune）
ブックデザイン　橘田浩志（アティック）
構成　郷和貴
海外リサーチ協力　堀川僚平（TNC Inc.）
リサーチ協力　嚢毛宏明・良知俊資・菊地原沙織（博報堂）
協力　西尾知宏（LASSIC）／
若者研究所＋OB & OGの皆様
今野なな・酒向渉・須子泰充・高貫遥・
土井世梨奈・西牧直祐・樋川怜奈・福田有香・
船田千紗・堀優磨・松田昂之（五十音順）
校正　玄冬書林
プロデューサー　日笠昭彦
編集　内田克弥（ワニブックス）

原田曜平（はらだ・ようへい）

1977年東京都生まれ。慶應義塾大学商学部卒業後、博報堂入社。博報堂ブランドデザイン若者研究所リーダー。2003年JAAA広告賞・新人部門賞を受賞。若者研究の第一人者であり、いま最も注目を集める気鋭のマーケッター。「マイルドヤンキー」「さとり世代」「伊達マスク」「女子力男子」「ママっ子男子」など、若者消費を象徴するキーワードを世に広めた。2002年から現在にいたるまで若者研究所リーダーとして、10000人を超える若者（大学生・社会人）と活動を共にし、同時に、世界中の若者・トレンドの研究を行う。著書に『さとり世代』（角川Oneテーマ21）、『ヤンキー経済』（幻冬舎新書）、『それ、なんで流行ってるの？ 隠れたニーズを見つけるインサイト思考』（ディスカヴァー携書）、『平成トレンド史』（角川新書）などがある。

「ZIP！」（日本テレビ）、「ホンマでっか⁉TV」（フジテレビ）、「ひるおび！」（TBS）など、メディア出演多数。

若者わからん！
「ミレニアル世代」はこう動かせ

著者　原田曜平

２０１８年６月25日　初版発行

発行者　横内正昭
編集人　岩尾雅彦
発行所　株式会社ワニブックス
〒１５０－８４８２
東京都渋谷区恵比寿４－４－９えびす大黑ビル
電話　０３－５４４９－２７１１（代表）
　　　０３－５４４９－２７１６（編集部）

印刷所　凸版印刷株式会社
ＤＴＰ　株式会社 三協美術
製本所　ナショナル製本

ISBN 978-4-8470-6608-5
ワニブックス HP　http://www.wani.co.jp/
WANI BOOKOUT　http://www.wanibookout.com/